【中国人格读库】

国家新闻出版广电总局
培育和践行社会主义核心价值观主题出版重点出版物

邓世昌传

高占祥 主编

唐 宁 著

北京时代华文书局

图书在版编目（CIP）数据

邓世昌传 / 唐宁著. -- 北京：北京时代华文书局，2015.8（2022.3 重印）
（中国人格读库 / 高占祥主编）
ISBN 978-7-5699-0557-1

Ⅰ. ①邓… Ⅱ. ①唐… Ⅲ. ①邓世昌（1855～1894）—传记 Ⅳ. ① K825.2

中国版本图书馆 CIP 数据核字（2015）第 225851 号

邓世昌传
DENG SHICHANG ZHUAN

主　　编 | 高占祥
著　　者 | 唐　宁

出 版 人 | 陈　涛
责任编辑 | 邢　楠
装帧设计 | 程　慧　赵芝英
责任印制 | 訾　敬

出版发行 | 北京时代华文书局 http://www.bjsdsj.com.cn
　　　　　北京市东城区安定门外大街 138 号皇城国际大厦 A 座 8 楼
　　　　　邮编：100011　　电话：010 64267955　64267677
印　　刷 | 三河市嵩川印刷有限公司　0316 - 3650395
　　　　　（如发现印装质量问题，请与印刷厂联系调换）
开　　本 | 787mm×1092mm　1/16　印　张 | 9.5　字　数 | 90 千字
版　　次 | 2016 年 1 月第 1 版　　印　次 | 2022 年 3 月第 3 次印刷
书　　号 | ISBN 978-7-5699-0557-1
定　　价 | 38.00 元

社会主义核心价值观与中国人格

周殿富

社会主义制度在中国已经建立了六十余年，而我们党则在本世纪初叶提出了培育弘扬社会主义核心价值观的重大课题，显然是其来有自。

社会主义的道德风尚在新中国蔚然兴起，曾经那样地风靡于二十世纪中叶。邓小平同志曾经在改革开放中讲过，当年"这种风气不仅是中国历史上从来没有过的，而且受到了世界人民的赞誉"。然而可惜的是，这个在社会主义制度建立与实践中，同步兴起的社会主义道德风尚的成长道路，却是一波四折。半个多世纪以来，它先是与共和国一道遭受了十年"文革"的浩劫；接着便是全党工作重心转移到改革开放进程中，欧风美雨"里出外进"的浸洗濡染；再接着是西方"和平演变"在东欧得手的强烈震荡与冲击；最后又是市场经济中那两只"看不见的手"在搅动着、嬗变着人们的价值取向。至少在国民中出现了价值观上的多层次化，传统美德的弱化，社会道德文明水准的退化，光荣革命传统的淡化，这也许正是中央在本世纪初提出社会主义核心价值观的原因吧。

不管怎么"变"，怎么"化"，当我们回首来时路，却不能不说，中华民族真的很强大，很值得骄傲。人类经历了几千年的文明进程，堪称世界文化之源的"五大文明古国"，其他四大古国文明都已被历史淘汰灭亡，只有中国成了唯一的延续存在。近现代即使那般的积贫积弱，被西方列强豆剖瓜分、弱肉强食，想亡我中华都不可能，就连最强大的美帝国主义，最凶残的日本军国主义都成为我们的手下败将，而且打出了一个新中国，且跨过整整一个历史阶段，直接进入了社会主义。西方敌对势力几十年不遗余力地对新中国百般围剿，"冷战""热战""和平演变"手段用尽，连如此强大的前苏联乃至整个苏东阵营都被瓦解了，而社会主义的旗帜仍旧在960万平方公里的土地上高高飘扬，而且昂首挺胸地屹立在世界的东方，中国真的是太强大了。几十年来的瞩目成就，竟然令西方发出了"中国威胁论"。你管他别有用心也好，言过其实也好，总比让别人说我们是"瓷器"，是"东亚病夫"好吧？1840~1949年的一百零九年间，中国尽受别人的欺负、"威胁"了，我们也能让那些昔日列强有点"威胁感"，又有什么不好？更何况这是他们自己说的啊！我们并没吹嘘，也没有去做。几千年来我们侵略过谁呢？"反战""非攻""兼相爱，交相利"，中国古有墨子，近有周恩来、邓小平同志。这也是中华民族固有传统美德的延续吧！

生于忧患，死于安乐，这也当是中华民族的一个传统美德吧？几十年来尽管中国如此繁荣兴旺，但从邓小平生前一直到党的"十八大"以来，无论哪一届中央领导集体，从来都没有忘记过国之忧患。忧在何处，患在何处呢？

二十世纪八十年代末，邓小平同志曾经在半年的时间内四次提到：中国改革开放十年最大的失误在教育，在"对青年的政治思想教育抓得不够""对人民的教育不够"，足见他的痛心疾首。他晚年时又提到了"国格"与"人格"的问题，讲道："谈到人格，但不要忘记还有一个国格。特别是像我们这样第三世界的发展中国家，没有民族自尊心，不珍惜自己民族的独立，国家是立不起来的。"

（精装版《邓小平文选》第3卷331页。）

人们很少注意到邓小平的这一段话，但邓小平恰恰是在这里把"国格""人格"提升到了事关"立国"的高度。

那么，什么是我们社会主义的"国格"呢？邓小平讲得很明白："民族自尊心""民族的独立"。

新中国一路走来，我们最大的尊严便是完全靠"自力"，靠"艰苦奋斗"，而达"更生"之境。对西方敌对势力的"冷战""热战""和平演变"，我们何曾有过屈服？也正是在这一前提下，我们才有真正的"民族独立"。这就是我们的国格。那么什么是我们中国人的人格呢？邓小平同志在这里没有讲，但他在1978年4月22日召开的全国教育工作会议上的讲话中，在讲到我们的教育培养目标时，至少提到与社会主义人格相关的各个方面：革命的理想，共产主义的品德，勤奋学习，严守纪律，艰苦奋斗，努力上进，爱祖国，爱人民，爱劳动，爱科学，爱护公共财产，助人为乐，英勇对敌，集体主义精神，专心致志地为人民工作，等等。这里的哪一条不属于社会主义人格的范畴呢？

2006年党的十六届三中全会，第一次提出了"建设社会主义核心价值体系"的历史性命题和战略任务。2007

年，胡锦涛同志在"6·25"讲话中又具体提出这个"体系"包括四个方面的内容：①马克思主义的指导思想；②中国特色社会主义共同理想；③以爱国主义为核心的民族精神和以改革创新为核心的时代精神；④社会主义荣辱观。这四个方面，一是信仰，二是理想，三是精神，四是道德文明，哪一个不在社会主义人格的范畴之内呢？党的十七届六中全会又提到了社会主义核心价值体系是"兴国之魂"。

2012年11月，在党的"十八大"上又用"三个倡导"把社会主义核心价值观概括为十二项：①倡导富强、民主、文明、和谐；②倡导自由、平等、公正、法制；③倡导爱国、敬业、诚信、友善。而且中办文件又把这"三个倡导"分为三个层面：第一个"倡导"的四项，是国家层面的价值目标；第二个"倡导"的四项，是社会层面的价值取向；第三个"倡导"的四项，是公民个人层面的价值准则。实际上前两个"倡导"的八项都是属于"国格"范畴，而第三个"倡导"是属于"人格"范畴。

那么，我们怎样才能在前面讲到的那些历史嬗变中培育建构起这个"核心价值观"呢？中共中央政治局的第十三次集体学习，似乎很明确地回答了这个问题。

新华社北京2014年2月25日电讯称：中央政治局在2月24日，以弘扬社会主义核心价值观，弘扬中华传统美德为内容，进行了集体学习，习近平总书记在主持学习时强调：

　　培育和弘扬社会主义核心价值观必须立足中华优秀传统文化。牢固的核心价值观，都有其固有的根本。抛弃传统、丢掉根本，就等于割断了自己的精神命脉。博大精深的中国优秀传统文化是我们在世界文化激荡中落稳脚跟的根基。中华文化源远流长，积淀着中华民族最深层的精神追求，代表着中华民族独特的精神标识，为中华民族生生不息、发展壮大提供了丰厚滋养。中华传统美德是中华文化精髓，蕴含着丰富的思想道德资源。不忘本来才能开辟未来，善于继承才能更好创新。对历史文化特别是先人传承下来的价值理念和道德规范，要坚持古为今用、推陈出新，有鉴别地加以对待，有扬弃地予以继承，努力用中华民族创造的一切精神财富来以文化人，以文育人。

　　习近平总书记的这段论述相当精辟，对于如何培育建构社会主义核心价值观问题从四个方面剀切明白。

第一，他明确指出要在中华优秀传统文化的基础上，来构造我们的社会主义核心价值观，而不能割断历史。这一条十分重要，否则我们便会失去我们的本来面目，便会成为无源之水，也就无法走向未来。

第二，指出了中华传统美德是中华文化精髓，蕴含着丰富的思想道德资源。这就为我们揭示了社会主义核心价值观，要以弘扬优秀的中华传统美德为基础。

第三，他指出，对传统文化在扬弃中继承，在继承中创新。这就是说，社会主义核心价值观的内涵，既要有优良传统的文化精神，也要有时代精神，是二者的有机结合。

第四，他指出要用中华民族创造的一切精神财富，来化人育人。这就是说，弘扬中华民族文化，并不只是传承儒学那些道统，而是要弘扬全民族共创的优秀传统文化。同时也就是说，培育、弘扬社会主义核心价值观的根本目的是化民、育人。

尤其值得瞩目的是，习近平总书记在这次讲话中提到了一个"中华民族独特的精神标识"问题，而在同年的全国组织部长会议上又提出我们再也不能以GDP论英雄的思想。让人欣慰的是，思想道德文化建设终于被提升到一个民族的标识地位，这至少表明中国人的思想观念，并不落伍于世界潮流。

并不受人欢迎的亨廷顿生前给他的祖国提出的警示忠告，竟是如何弘扬他们没有多少历史和文化的"传统文化"："盎格鲁新教精神——美国梦"，以此为国家的"文化核心"问题。他讲道："在一个世界各国人民都以文化来界定自己的时代，一个没有文化核心而仅仅以政治信条来界定自己的社会，哪有立足之地？"所以，他提醒他无限忠于的祖国，一定要巩固发扬他们自入居北美以来，在新教精神基础上形成的"美国梦"理念的"文化核心"地位，这样才能消解这个国家的民族与文化双重多元化的危机。为此，他甚至预言美国弄不好会在本世纪中叶发生分裂。而且他公开预言不列颠大英帝国也会因民族与文化多元化的问题，导致在本世纪上半期发生分裂。

西方的一些专家学者们也十分强调国家民族文化的地位问题，柏克说："全世界的人根据文化上的界限来区分自己。"丹尼尔同样说："保守地说，真理的中心在于，对一个社会的成功起决定作用的是文化，而不是政治。开明地说，真理的中心在于，政治可以改变文化，使文化免于沉沦。"这些语言也可能有它们的局限性与某种非唯物性，但至少可以让我们看到那些发达的资本主义国家在想什么，至少与马克思主义经典作家们，关于意识形态并不总是消极被动地接受它的经济基础的论断并不相悖。

中国显然具有世界上最悠久的民族文化，同时显然也拥有世界上最强大的政治优势。新中国包括它直接进入社会主义的经济形态，以及其后的一次次经济变革，哪一次不是靠政治力量在强力推动呢？它当然同样拥有让我们几千年的民族文化"免于沉沦"的能力。有学人认为我们的民族文化早就被以往一次次的历史性灾难割裂了，这个看法显然都是毫无道理的。但我们当下却确实面临着"两个传统"失传失统的危险。中国的传统文化与优秀的民族美德，在当代国民中还有多少传承？老一代中国共产党人用生命与鲜血铸就的光荣革命传统，在党内还有多少"光大"？我们现在全民族的"核心文化"到底在何处？"社会主义核心价值观"的提出不仅符合世界潮流，也是使我们优秀的民族文化得以传承而不发生历史断裂的根本保证。富和强永远都不是一个民族的标志，哪个国家不可以富，不可以强？但能代表中国"这一个"本来面目，具有自己民族特色的，唯有中华民族的文化，能代表中国人形象的只有中国独具的道德人格。什么是人格？人格就是原始戏剧中不同角色的本来面目。

综上所述，我们是不是可以这样认为，社会主义核心价值观应内含如下的成分：中华民族传统文化中的优秀传统美德；中国人民近现代反帝反侵略反封建的爱国主义、斗争精神与中国共产党领导下形成的几十年光荣革命传统；中国化了的马克思主义有中国特色社会主义的共同理想；与"中国梦"远大目标相适应的时代精神。由这些内涵构成的社会主义核心价值观，用它来干什么呢？用习近平总书记的话来说就是"化人""育人"，把它再具体化一下，无非是打造能体现中华民族特色，代表中国形象的国格、人格。在思想道德层面上，一个国家的民族精神也只有在人的身上才能体现，所以我们依据社会主义核心价值观的基本要求，针对当代青少年的实际情况，策划了《中国人格读库》这样一套大型系列选题。

本套书承蒙全国少工委、中华文化促进会、团中央中国青年网三家共同主办推广，并积极提供书稿。难得高占祥老前辈热情出任该套书的编委主任，且高占祥同志不辞屈就加盟主创作者队伍。一些大学、中学教师与青年作者也积极加盟此套书的编写。该选题被国家新闻广电出版总局列为2014年全国社会主义核心价值观重点选题，在此一并鸣谢。

希望本套书的出版能为社会主义核心价值观的培育与弘扬，为促进青少年的道德人格养成起到积极的作用。欢迎广大读者与作家对不足之处批评教正，多提宝贵建议与指导意见。

谨以此代出版前言并序。

二〇一四年十月
于北京时代华文书局

引言

此日漫挥天下泪，有公足壮海军威！

这副挽联是光绪皇帝为在甲午海战中壮烈牺牲的邓世昌所作。

邓世昌（1849—1894），原名永昌，字正卿，出生于广东省番禺县一个富裕的家庭。他从小资质聪颖，勤奋好学，胸怀报国之志。从福州船政学堂毕业后，他成为一名年轻有为的海军军官。清末洋务运动组建北洋水师，邓世昌担任"致远"舰管带（舰长）。甲午海战中，邓世昌奋勇抗敌，在"致远"舰多处中弹的危急情况下，他视死如归，下令全舰冲向日本海军主力舰"吉野号"，最终身沉大海，壮烈牺牲，书写了爱国主义的忠义篇章。

邓世昌出生的年代正值中国遇到"三千年未有之大变局"。1840年，英国以虎门销烟为借口，发动鸦片战争，逼迫清政府

邓世昌便服像，题字为光绪皇帝御笔

签订《南京条约》，中国沦为半殖民地半封建社会。1856年，英法联军发动第二次鸦片战争，火烧圆明园，与清政府签订《北京条约》，自此后外国商船可以自由驶入长江一带通商口岸。邓世昌目睹国家人民受洋人欺辱，长江中外国船舰来往自由，不禁对国防忧心忡忡。恰逢清朝晚期，开明地主阶级发起洋务运动，喊出"师夷长技以自强"的口号，从19世纪60年代开始开办江南制造局、福州船政局、安庆内军械所等近代军事工业。1867年，沈葆桢总理船政，开办船政学堂。18岁的邓世昌以优异的成绩考入船政学堂，成为驾驶班的第一届学员。

邓世昌在学习和演练实践中表现出了卓越的指挥才能，并被清廷先后两次派往英国接收新购的军舰。第二次出国接回的军舰中就有此后与邓世昌相伴相随，共沉黄海的"致远"舰。

1888年，清朝大力筹建北洋水师，这支海军舰队一度为规模世界第八、亚洲第一。邓世昌接舰有功，被奏以副将补用，加总兵衔，管带"致远"舰，是名副其实的北洋名将。

1894年，日本以朝鲜东学党起义为借口，发动蓄谋已久的侵略战争。邓世昌早已对日本侵略者恨之入骨，决心殊死一战。1894年9月17日，大东沟海战爆发，邓世昌指挥"致远"舰冲锋陷阵，为保护旗舰"定远"舰，邓世昌在"致远"舰被重炮击伤的情况下，决心与日本海军主力舰"吉野"号同归于尽。"致远"舰遭到了敌人炮火的猛烈攻击，最终沉没了。邓世昌放弃了获救的机会，与"致远"舰一同沉入大海，一腔热血献给国家。碧海蓝天，忠魂永存。

邓世昌驻守海防，严格治军，他将爱国主义精神贯彻一生，直到最后以身殉国。"二战"期间战功卓著的巴顿将军曾立有名言："一个士兵最好的归宿，是在最后一仗中被最后一颗子弹打死。"邓世昌用自己的生命诠释了忠义二字，明知死亡就在眼前仍勇敢赴难，他是当之无愧的民族英雄，他的高尚的爱国主义精神值得中国人民永远铭记。

目录

第一章　聪慧少年

开明父亲

中国古人讲，子不教，父之过。做父亲的不送孩子去受教育，是父亲的过错。

邓焕庄是广东番禺县龙导尾乡（今广东省广州市海珠区）的一位茶叶商人。1849年10月4日（清道光二十九年，农历八月十八日），邓焕庄的妻子郭氏为邓焕庄生下了长子。19世纪40年代正逢中国遇到"三千年未有之大变局"，英国的坚船利炮轰开了国门，清政府签订丧权辱国的《南京条约》，开放广州等五个城市为通商口岸。邓焕庄与妻子眼见世道黑暗，饱受战乱之苦，殷切希望邓氏家族能永远昌盛，于是就给儿子取名邓永昌。要想家业永远昌盛谈何容易，不仅离不开个人的努力，更与国运时势密不可分。于是，知情达理的邓焕庄又将儿子的名字改为邓世昌，字正卿。

邓世昌纪念馆，也是邓世昌的出生地

邓焕庄专营茶叶生意，在广州、天津、上海、香港、秦皇岛等地都开设祥发源茶庄。生意越做越大，邓焕庄始建了邓氏家祠。现在广州市海珠区的邓世昌纪念馆主体建筑就是邓氏家祠。邓世昌小时候在私塾学习，天资聪颖又非常用功，在课余时间，私塾老师、父老乡亲经常向邓世昌讲外国侵略中国以及民众奋起抗英的事迹。正是这些事迹给邓世昌幼小的心灵埋下了忧国忧民的种子。

1857年，法国人借口"马神甫事件"，出兵助英国，英法联军发动第二次鸦片战争，广州城沦陷。邓焕庄的茶叶生意受到战争的影响，不再景气。邓焕庄只得考虑远走他乡，拓展生意。最终，邓焕庄选定了上海，在上海，邓焕庄很快张罗起茶叶生意。上海同广州一样，早在1842年《南京条约》签订时就成为通商口岸，但是比起广州来，上海还比较和平。邓焕庄在上海的生意开展得红红火火，渐渐在上海站稳了脚跟。

邓焕庄在做生意的同时，并没有忽视对儿子邓世昌的教育。此时，邓世昌已在家乡以优异的成绩完成小学学业。1860年，11岁的邓世昌随父亲迁居上海。当时，英语被称为"蛮夷之语"，这个称呼带着天朝上国的自大和蔑视，"蛮夷"已经侵犯到家门口，国人仍做着春秋大梦，不肯面对先进的现代文明。而邓焕庄却有长远目光，并在儿子的教育问题上十分开明。他认为，无论将来儿子是继承家业还是从事别的事业，都需要先学习洋文，才能再学习先进的外国知识。多亏了父亲的决定，邓世昌在此后的生活中受益颇多。

邓焕庄送邓世昌进了教会学校。邓世昌非常聪明，很快就可以与洋人对话，还能全文阅读原版英文书籍，这为他以后出洋接舰打下了良好的基础。洋师对他大加赞赏，非常喜欢这个聪明伶俐的学生。

1867年，林则徐女婿、前江西巡抚沈葆桢临危受命，总理船政。左宗棠在前一年创办福州船政局，主要是修造舰船。沈葆桢深知人才的重要性，于是增设船政学堂，开办了制造学堂（前学堂）和驾驶管轮学堂（后学堂）。前学堂使用法文教学，后学堂使用英文教学。这两个学堂主要招收的是福建本地资质聪颖、粗通文字的16岁以下的学生。后学堂由于生源不足，于是放宽了条件，招生扩展到广东、香港，年龄也放宽了限制。18岁的邓世昌心怀报国之志，并不想按照父亲的想法继承家业，在得知后学堂招生的消息后，他禀报父亲，要求报考。开明的邓焕庄并没有阻拦，而是毫不犹豫地答应了儿

沈葆桢画像

子的要求。邓世昌因此考入福州船政学堂，成为驾驶班第一届学生。

邓世昌一生取得的荣耀离不开父亲的开明决定。学习英文，阅读英文原版书籍，都为他学习航海驾驶、出国接舰打下了语言基础。忠孝之间选择忠，为报国报考船政学堂，父亲又支持了他。

1884年（光绪十年），法国人入侵台湾，邓世昌率舰南下御侮。这时突然传来父亲病故的消息，他接到丧报后却因海防需要，事关国家安危，没有回家奔丧。5年后，他才回到家中，哭昏在灵前，醒后挥泪写祭文，将未能见父亲一面视为"终身大戚"。他从军27年，仅回过三次家，最多一次仅住过7天。

勤奋求学

19世纪60年代，随着中国半殖民地半封建的社会性质进一步加深，地主阶级为获得强大的军事装备、增加国库收入、增强国力，维护清廷统治，开展了洋务运动。洋务运动以李鸿章、左宗棠、曾国藩、张之洞为代表，以"师夷长技以自强"为口号，创设了一系列近代企业，如曾国藩的安庆内军械所、李鸿章的江南制造总局、轮船招商局（上海），左宗棠的福州船政局，张之洞的汉阳铁厂、湖北织布局等。

1866年，左宗棠任闽浙总督，创建福州船政局。次年左宗棠调任陕甘总督，赴任前推荐前江西巡抚沈葆桢任船政大臣。

福建船政交通职业学院，前身即福州船政学堂

当时，中国屡屡在海上被欺，清廷想要壮大海防以抵御外辱，只是船坚炮利不够，还得有海防人才。沈葆桢在福州船政局增设船政学堂招收学生。

当时招生告示说，招收粤籍学生10名，懂英文的优先。邓世昌得知这一消息十分激动，禀明父亲后便回家备考。邓世昌少年时聪颖好学，接受新知识的能力非常强，当时18岁的邓世昌以各门课程考核皆优的成绩考入福州船政学堂学习航海，成为该学堂驾驶班第一届学生。

邓世昌在船政学堂埋头学习，勤奋攻读各门功课。要学习航海驾驶技术，首先要学英文，因为轮船上使用的口令和记载的日志都是英文。邓世昌虽然之前在教会学校学习过英文，但是远远不够钻研所用，于是邓世昌下工夫学英文。航行在大海中，方位难辨，西方人通过观测星辰测知方向，为此邓世昌又学习天文知识。海中航线有规律可循，也需趋利避害，邓世昌学习地理知识，熟知礁石沙线、海水深浅、潮汐变化。不论是观测天文还是辨别海程方位，都需要操作机器，通晓数学。而航海中，水和风的顺逆，军舰上火力的强弱，行船速度，都有规律可循，邓世昌又刻苦学习驾驶理论和技术。航海要记日志，要绘图，邓世昌又学习绘图。邓世昌努力学习每一门功课，最终以每门皆优的成绩从船政学堂毕业。

第一届学生中学业优秀的，除了邓世昌以外，还有林永升、刘步蟾、叶祖珪、邱宝仁、林泰曾、黄建勋等人，他们在日后成为北洋水师的主要军官，并在甲午海战中展现了个人卓越的才能和高尚的爱国主义情操。

学习航海，光靠理论知识是不够的。1871年，22岁的邓世昌结束了5年的课堂理论学习，与同学数十人被派往"建威"舰教习练船，进行航海驾驶实习。要成为合格的海军军官，必须要实地操作。这次海上远航，练习舰先后到达厦门、香港、新加坡等地，历时4个月。练习舰去时由教员亲自驾驶，邓世昌和其他学员轮流记航海日志，测量太阳和星座的位置，练习操纵船上的各种仪器。返航的时候，学员们轮流驾驶，教员勘对航海日志。

在这两年实习中，邓世昌驾驶技术得到了很大的提高。他不畏困难，苦心钻研，得到了同学和教员的一致认可。有一次，练习舰航行到南海，只见水天一色，一望无际，海面空旷无一物。同学方伯谦说道："海洋广阔，要想知道它的运作规律实在是太难了！"刘步蟾反驳道："世间万物都有规律，只要用心求索就不难，不用心自然很难。海洋虽然广阔，但是我们用心求索就行了。"邓世昌也说："对，事情难处都在表面，只要用心钻研下去，事情都不难。我小时候在万顷沙拜师习武，那里的渔家个个熟悉海情。万顷沙是珠江上游泥沙随水而下冲积而成的滩涂，深浅不一，渔家长期居住在那里，对那里的海情熟悉，渐渐找到了规律，并给不同深浅的滩涂进行命名，趋利避害。这是渔家根据长期经验找到的规律，虽不起眼，但是不用心揣摩的话，也是发现不了的。"方伯谦无言以对。

1873年，邓世昌24岁，两年实习期结束，邓世昌在实习过程中在实际驾驶、管理舰船方面表现出很好的素质和技能。教员将各个学生的表现情况汇报给学堂，尤其对邓世昌大加赞赏。学堂将理论学习和实习的情况测评上报沈葆桢，邓世昌、刘步蟾等人因此受到沈葆桢的褒奖。邓世昌在学生中年龄偏大，比较老练稳重，沈葆桢很看重他，称赞他是船政学堂中"最伶俐的青年"之一。

报国之志

邓世昌的一生，经历了中国进入近代史以来遭受外来侵略逐入加深的过程。他生于广州，更能切身感受到中国遭受的欺辱。英国向中国走私鸦片，大量白银、黄金外流，鸦片摧残着中国人民的精神和身体，各个地方的爱国军民纷纷起来反抗鸦片贸易。两次鸦片战争，使得广州成为西方列强侵略中国的前沿。广州三元里人民奋起抗英，广东水师提督关天培壮烈战死……邓世昌从小听私塾老师、父老乡亲讲述家乡人民英勇抗敌的故事，又亲眼看到广州通商之后国人所遭受的欺凌。在这样的环境下，邓世昌性情善思多虑，时时为国家担忧。

1860年跟随父亲到达上海之后，他学习英文，并非为了继承家业用于经商，而是认识到中国受到列强侵略，皆因洋人的船坚炮利，洋人技艺高，器物优，因此，学好英文才能学习洋人的技艺，才能壮大自己的国家。一日，邓世昌游览黄浦江，当时英国商船已经可以在长江中下游自由来往。邓世昌看到外国船只游弋自如，毫无拘束，于是忧心忡忡地说："中国这样允许外国船只随意出入，时间长了之后，我们国家的战略要塞都被他们熟知，如果我们再不根据西洋人的方法设置海军，强固国防，一旦外国人寻衅滋事，我们拿什么来抵御呢？"与邓世昌同游的人们听到邓世昌这样说，纷纷赞叹他深谋远虑，心怀国家。

1871年邓世昌随"建威"练习舰海上远航，实习驾驶技术。一日行至渤海南端，在与黄海的交汇处，突然波涛汹涌，巨浪滔天，但是此时并没有大风，天空也很晴朗。学生们便向教员请教。教员将望远镜递过去，刘步蟾先接过来一看，大吃一惊："好一个险峻所在！"邓世昌也接过来看，只见遥远的岸边有一座巨大的山岩直插入海，岩头突兀，岩壁陡峭，岸下海礁众多，没有任何船只从那里经过。

教员叹息一声说："这就是俗称鬼见愁的'天尽头'！此地名叫成山头，是山东半岛的尽头，秦朝时秦始皇东巡到这里，看到大海烟波浩渺，波涛汹涌，只觉得到了天的最东边，所以赐名'天尽头'。这里水险浪急，素有'无风三尺浪，有风浪滔天'之说。"

众学生听完连连感叹。只有邓世昌连忙取出纸笔，描画海图："'天尽头'这样的地方，既是航海险要之处，也是海疆要塞！"

方伯谦打趣道："邓兄如此用心，莫非以后要来此险要之处守防？"

邓世昌说："这难说，但只要是我大清的海疆，我们都有守防之责。"

教员听后称赞邓世昌："说得不错，我们既然投身海防，就要时时刻刻以国家海防为重。"

虽然这只是此次驾驶实习中的一段小插曲，但谁也没想到，邓世昌日后随北洋水师驻防海疆要塞威海刘公岛，并在黄海海战中与舰共沉，用生命实践了自己报国的诺言。

第二章　北洋名将

知遇之恩

唐代文学家韩愈在《马说》中感叹："千里马常有，而伯乐不常有。"邓世昌这匹千里马，在福州船政学堂崭露头角，遇到了沈葆桢这个伯乐，深受器重。

沈葆桢是道光二十七年进士，晚清名臣，官至两江总督。妻子林普晴是民族英雄林则徐的女儿。1866年，左宗棠创办福州船政局。第二年，左宗棠请沈葆桢出任福建船政大臣，当时沈葆桢正重孝在身，左宗棠为了请他，也曾三顾茅庐。第一次，左宗棠亲自到沈宅，畅谈自己想要打造一支海军的想法，并称沈葆桢是自己心目中能担当此任的不二人选。但是沈葆桢以重孝在身为由婉拒了左宗棠。第二次，左宗棠向沈葆桢保证，自己和沈葆桢联名签署奏折，并有富商胡雪岩相助，任其调遣。沈葆桢还是犹豫不决。第三次，左宗棠干脆直接上疏朝廷，推荐沈葆桢主持船政，还奏请朝廷给沈葆桢专折奏事权，即沈葆桢的奏折可以不经过巡抚，直接自己负责。清廷下旨让沈葆桢接下船政大臣一职，不要继续推辞，沈葆桢这才接下旨意，总理船政。

左宗棠非常高兴，说道："总理船政的人，必须有坚定的意志，能持之以恒，一鼓作气，带领众人一起努力，才能成功。还要明事理，能钻研。在我心目中，只有沈葆桢一人能胜任。"

福州船政学堂在沈葆桢的督办下，治学有方，培养了一批优秀的学员，其中就有邓世昌。邓世昌作为第一届学员，学习刻苦，成绩优异。因其年长同学三四岁，他成熟稳重，更加严于律己，教习长官时常向沈葆桢汇报学员们的学习情况，沈葆桢了解后颇为器重邓世昌。毕业之时，邓世昌功课全优，沈葆桢称赞他是福州船政学堂中"最伶俐的青年"之一。

1874年2月，邓世昌被船政大臣沈葆桢奖励五品军功，并被任命为"琛航"运输船大副。大副，简单的理解就是第一副船长，可以在船长无法指挥的时候接替船长指挥全船。4月，日本军队进犯台湾，清政府下令派福建船政大臣沈葆桢为钦差大臣，率领轮船官兵驶往台湾，并授予他处理日本侵台事件的军事外交大权。沈葆桢命邓世昌与刘步蟾等人率船队赶赴台湾，在澎湖、基隆等要塞驻守。在台湾，邓世昌与同船官员抵制敌人入侵，使得日军被迫撤离台湾，镇守有功。执行守备任务的时候邓世昌坚决果断，用兵有方，抑制了日军的嚣张气焰。他因此升任千总，调管"振威"舰，刘步蟾也因此升任"建威"号舰长。

沈葆桢是个有深谋远虑的人，他对海防建设有两大贡献：一是建造兵轮，二是培养海防人才。在培养人才上，他有长远眼光，还自有一套教育管理方法。除了课堂学习与登船实践相结合之外，沈葆桢还上奏朝廷，建议派遣留学生出洋留学深造。1874年，沈葆桢命学堂总教习日意格挑选几个优秀学员随其到英国和法国参观学习，让他们开阔视野，增长见识，强化"洋技"。当时日本还在东南沿海频繁骚扰，学堂想派出最优秀的学生出国学习，但是又恐怕优秀人才都出国后，没人驻守海防。邓世昌听说了这件事，深思熟虑以后，他决定放弃出国留学的机会，驻守海防以顾全大局。学堂的教习长官听闻这个消息，感到十分意外，但是看见邓世昌言辞恳切，拳拳之心叫人佩服，于是将此事上报给沈葆桢。沈葆桢正为海防之事烦忧，听说邓世昌能作出这样的选择，内心十分感动，于是批准他留在福建，调任他为"振威"炮舰管带，代理"扬武"快船管驾，奉命扼守澎湖、基隆等要塞。后来，邓世昌又获荐保守备，加都司衔。此后，邓世昌又历任"海东云"舰、"飞霆"舰等兵船管带。

1875年8月沈葆桢调任两江总督，丁日昌以福建船政大臣兼福建巡抚，兼管台湾事务，继续贯彻沈葆桢的措施。沈葆桢调离后还时常关心台湾的海防，非常器重邓世昌、林泰曾二人。

然而，天有不测风云，人有旦夕祸福，1879年，沈葆桢不幸身染重病，溘然长逝，享年59岁。学堂师生闻此噩耗，无不悲痛。李鸿章听闻噩耗，不禁惊呼："沈兄，你去的好早！海军大事，李某一定替你办好！"

沈葆桢是洋务派的主要人物，他致力于建设海防，培养海防人才，直至临死前，他所极力主张建立以铁甲舰为核心的外海水师仍未能筹办，他在遗疏中还指出"事关呼吸，迟则噬脐"。沈葆桢去世后，大清海军的筹划就专属李鸿章一人。

沈葆桢促成的学员出洋留学，为清朝海军培养了一批优秀军官，他们成为北洋水师的精锐。留学生以船政学堂第一届毕业生为主，也有少数第二届毕业生，一共38人，分赴英、法、美、西班牙等国学习。首届留学生除梁炳年病故，魏瀚、何心川等人因国内需要和生病提前回国外，其余学生均于1880年陆续学成回国。后来成为海军将领的有刘步蟾、林泰曾、叶祖珪、萨镇冰等。14年后，他们参加了中日甲午海战，在10艘参战的舰艇中，出身该学堂的有9人任管带，其中有5人是第一届的留学生（刘步蟾、林泰曾、林永升、黄建勋、方伯谦）。除"济远"管带方伯谦于1894年9月被清廷以"首先退避""牵乱队伍""拦腰冲撞扬威"三条大罪处斩于旅顺口外，其他四人都在甲午战争中殉国了。

至1897年，船政学堂共派出四届留学生。值得一提的是，翻译《天演论》的严复也是1877年被首批选送到英国学习的船政学堂学员。

邓世昌虽未出国留学，却在国内的兵船上实践操练，在风涛海浪中锤炼，收获颇大。

出国接舰

命运是公平的，它不仅不会埋没有才能的人，还会机缘巧合促成有才能的人发挥更多光和热。邓世昌马上等来了一个机会出国参观——清政府从英国订购了军舰，邓世昌奉命前往接舰。

1875年5月30日，光绪帝下令由沈葆桢和李鸿章分任南北洋大臣，尽快建设南北洋水师，决定每年拨出四百万两作为经费（实际用在购置军舰款项只为每年一百万两），由南北洋水师分解使用。然而南洋大臣沈葆桢认为："最好先创建北洋水师，如

1875 年清廷命李鸿章筹建北洋水师。图为停泊在天津的北洋水师船

果分开来办难免会分散实力，成功的时日也会晚。"清政府考虑到中国当时的主要假想敌是日本，北洋水师负责守卫京师，于是采纳沈葆桢的建议，先创设北洋一军，等北洋水师实力雄厚后，"以一化三，变为三洋水师"。这"三洋"为：北洋水师负责山东及以北之黄海，南洋水师负责山东以南及长江以外之东海，福建水师负责福建、南海。

1875年，光绪皇帝命直隶总督、北洋大臣李鸿章创设北洋水师，在山东威海刘公岛立军。李鸿章通过总税务司赫德在英国订造4舰炮船，清朝海军开始了向国外购军舰的历史。1879年，李鸿章向英国订造巡洋舰"扬威""超勇"。1880年，由于对在英国订造的军舰不满意，李鸿章又向德国船厂订造铁甲舰"定远""镇远"。1881年，北洋海军先后选定在旅顺和威海两地修建海军基地。1885年，海军衙门成立，李鸿章遣驻外公使分别向英国、德国订造巡洋舰"致远""靖远"与"经远""来远"。

1888年12月17日，北洋水师正式宣告成立。同日颁布施行《北洋海军章程》。从此，近代中国正式拥有了一支在当时堪称世界第六、亚洲第一的海军舰队。

邓世昌自福州船政学堂毕业后，一直驻守海防，他的一生与北洋水师息息相关。北洋水师初建，邓世昌就被调入并举荐为炮船管带，是北洋水师名将之一。甲午海战，邓世昌以身殉国，北洋水师也全军覆没，宣告了清朝海防的失败和洋务运动的破产。

1880年，邓世昌任"飞霆"舰炮船管带，这艘炮船是刚从英国买来的，技术装备比较先进。邓世昌接任后，又学到了不少新技术。李鸿章为兴办北洋水师，派马建忠①去考察招收水师人才。马建忠在福建听到了对邓世昌各方面的赞誉，又登上"飞霆"舰炮船，看到兵船管理井井有条，士兵们训练有素，纪律严明。马建忠多次与邓世昌交谈，对于邓世昌有很高的评价。马建忠多番考察之后向李鸿章推荐邓世昌，并说："邓世昌熟悉驾船管理，是水军中难得的人才！"李鸿章知人善用，即刻将邓世昌调到北洋水师，这一年，邓世昌31岁。不久，清政府从英国买来"镇东""镇西""镇南""镇北"4艘炮舰，为加强北洋防务，4艘军舰全部拨给北洋水师。邓世昌被调任"镇南"炮船管带。

北洋水师的大部分军官是福州船政学堂的学员，基本都是福建人，高级军官中只有邓世昌是广东人，邓世昌在学堂表现优异，进入北洋水师后又颇受器重，引起了不少人忌妒，找机会排挤打压他。邓世昌调任"镇南"炮船管带后曾遭人中伤被撤职。

1880年夏，邓世昌调任"镇南"炮船管带，这年秋季，北

---

① 马建忠：清末著名外交家、语言学家，洋务派主要成员。

洋水师新聘任的总教习葛雷森率4艘军舰巡弋渤海与黄海。秋季的渤海、黄海正是风大浪高之时，4艘400吨级的"镇"字号炮船在大海中航行，巨大船身犹如一叶扁舟，在风浪里颠簸。一连几天的海上行船让水手们个个都吃不好睡不好，疲劳憔悴，待军舰行驶到黄海北部，水手们才有了轻松之色。因为眼前的海洋岛上有多座高大山峰，挡住了强劲的秋风，使海洋岛湾风平浪静，成为舰船锚泊停靠的理想之所。可就在这时，一件意想不到的事情发生了，只听"嚓"一声尖响，"镇南"舰触礁了。这件突如其来的意外让舰上水手们都惊呆了，一个个惶恐不安地看着新上任不久的邓世昌，为他捏一把汗，期盼他能将军舰救出，否则后果不堪设想。众目注视之下，只见邓世昌沉着镇定地伸手拉响了警报，然后以高超的指挥水平和娴熟的驾驶技术，使"镇南"舰即刻离礁脱险，从而避免了一场军舰毁损的重大事故。

虽然邓世昌在"镇南"舰触礁时毫不慌张沉着地指挥舰船脱离了危险，按理说他救舰除险有功，但是清政府却收到了匿名信件，信件中伤邓世昌，清政府将他撤了职。

人的一生中，总要经受赞美和诋毁，只要坐得端行得正，无愧于心，命运总会还你一个公道。邓世昌就是这样，有人妒忌，也有人赏识。1880年冬天，北洋水师在英国订购的"扬威""超勇"两艘巡洋舰完工，统领北洋水师的丁汝昌到英国去接收新舰，把邓世昌也带了去。邓世昌十分珍惜到英国接舰

丁汝昌半身像

的机会。他从福州船政学堂毕业后，服从水师初建时缺少管带的需要，未能出国留学深造。此次到英国接舰，他发觉自己有许多东西没有见过，于是加紧学习，刻苦钻研，尤其注意对于海上战术的研究。他利用各种机会游历英国的著名工业城市，看到了机器大生产的宏伟壮观场面；他游历了英国海军的主要基地、港口，看到了一艘艘各种巨型战舰，领略了世界上最强大的海军是什么模样；他学习研究了英国皇家海军的规章制度和练兵之法，看到了北洋舰队在训练和管理上的巨大差距；他学习研究了英国海军的发展历史，尤其是仔细寻找英国海军称霸海洋一个多世纪的秘密。他到格林尼治，参观了英国皇家海军学院。这座旧日的王宫，如今是世界海军的圣殿。船史陈列室里有模型铁舰、三桅帆舰，以至古老的单层甲板木船，浓缩了人类征服海洋和在海洋上进行鏖战的历史。在回廊的墙上，他看到了英国历代海军将领的油画像，最著名的是曾数次击败拿破仑舰队和一举歼灭法兰西联合舰队、赢得特拉法尔加角海战胜利的纳尔逊。他还专程去过伦敦的特拉法尔加广场（俗称鸽子广场），瞻仰了海军名将纳尔逊高大而逼真的雕塑像。他认真考察西方海军情况，悉心学习外国先进的军事技术和经验，将这些军事装备和训练方法细心地加以研究，取其长，为己所用。1881年8月17日，"超勇""扬威"从英国纽卡斯尔港起航，开始了由英国回祖国的漫长航行。这是中国海军首次驾驶军舰航行从北大西洋，经过地中海、苏伊士运河、印度洋、西太平洋的航线。舰队经过各国，均鸣放礼炮致敬，让各国都知道中国也有海军，大大提高了中国的国际影响力。此次清朝水师首次到国外接舰，派出的操舰管带无疑是整个水师中最出类拔萃的。林泰曾操纵"超勇"舰，邓世昌操纵"扬威"舰。"超勇"、"扬威"两舰回国途中经历了惊险曲折。先是在地中海两舰失散，"扬威"因缺煤而在海上漂流了两昼夜，"超勇"获讯后去寻找接济。过苏伊士运河时，"超勇"的螺旋桨又触礁碰坏，经修理才继续航行。至10月15日，两舰终于到达香港，历时61天。之后，两舰驶入江南制造总局，进行坞修①。在上海经过整修

① 坞修：在船坞内对水线以下船体结构、推进装置以及浮于水面时不能施工的其他构件或设备进行的修理工作。坞修是修理船舶设备、恢复其使用性能的一个重要环节。

后，"超勇""扬威"于11月22日驶抵天津大沽口。邓世昌因驾舰有功被清廷授予"勃勇巴图鲁"勇名，赏戴花翎，以都司补用，并被任命为"扬威"舰管带。此次出洋，他不仅扩大了眼界，由于潜心钻研，增加了学识，"益详练海战术"，而且最大的收获是在思想认识上发生了重大变化。

1883年，中法战争爆发，福建水师在马尾港内的海战中，被法舰偷袭，短短半个小时就被击沉军舰9艘，阵亡700多人，福建沿海的海防设施几乎全被摧毁。对于此次的惨败，邓世昌激愤难抑，他写道："千古艰难唯一死，蚁蝼雀鼠亦惜生，悟得视死当如归，子胥豪气世长存。"这首诗抒发了邓世昌以身许国的豪壮胸怀。

1884年，法国入侵台湾，邓世昌率舰南下御侮。而就在此次战争期间，邓世昌的祖父和父亲相继去世，邓世昌是一个非常孝顺的人，他想回去奔丧，但面对严峻的海防形势，他最终不得不强压悲痛，恪守公职。然而想到自己常年在外从军，又未能尽孝道，心里感到非常内疚，治军之余，在军舰上反复写着"不孝"二字以表达自己的哀思。5年后，他才回到家中，哭昏在地。他从军27年，仅回过三次家，最多一次在家仅住过7天。

此次战役使得福建水师全军覆没，清政府认识到海军建设的紧迫，当即正式设立海军衙门，各军舰、各配套后勤设备全部建成，各水师学堂向北洋水师输送的大批海军人才也已到位。

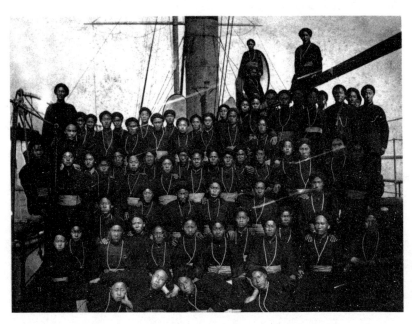

1885 年前后，北洋水师水兵在"威远"练习舰上留影

1885年，海军衙门成立，李鸿章遣驻外公使分别向英国、德国订造巡洋舰"致远""靖远"与"经远""来远"。1887年春，邓世昌38岁，李鸿章奏派他率队赴英、德两国接收4艘巡洋舰。已是第二次出国接舰带船的邓世昌，此时已被大家公认是一个"西学湛深""精于训练"的海军专家。

邓世昌在接"致远"等舰回国途中，抵达西班牙海登岸办事，当他登岸办完事后，乘小船回"致远"舰，当时风大浪急，海浪打进小船里，小船在海浪中飘摇不定，如果稍有不慎，就会有翻船的危险。邓世昌亲自把舵，斜迎着浪头，找浪前进，最终绕到"致远"舰舷侧上舰。等到登舰以后，与邓世昌同船的人衣服全部湿透，滴水不止，真是在狂涛骇浪里争生命于顷刻之间。到地中海后，又发生火险，因添煤过多，导致船上浓烟升腾。邓世昌"令开火门，塞灰润，立止"。

舰艇远航训练是海军官兵的必修课，特别是到深海大洋中去摔打。邓世昌认为，接舰实际上是不可多得的最好的远航训练，所以在接舰回国途中，积极组织海军将士认真进行海上训练。邓世昌在归途中因劳累过度，发了寒热。但他对自己要求很严格，作为管带，不论在何种情况下，都要对全舰的安全负全部责任，要坚守自己的岗位。于是，他撑着虚弱的身体，一步步艰难地走上驾驶台，在病中也坚守岗位，监视行船的情况。不仅如此，他还带领全舰官兵在沿途进行不间断的各种操练，每天固定变换队形多次。操练的内容和科目，则完全是实战可能发生的，符合战斗的需要。邓世昌还要求演习正规化：时而演习舰船遭遇火险的应对，时而演习舰船遭遇水险的应对，有时训练防守，有时训练进攻。这些演习训练项目，全部都用挂旗来传达命令。在邓世昌以身作则的激励下，舰上将士没有不积极踊跃奋发训练的，也没有出现秩序混乱水兵不敢演习的情况。

1888年春，邓世昌率领舰队抵达大沽。7月，邓世昌率舰跟随丁汝昌镇压台湾吕家望起义。返回后，邓世昌以总兵记名简放，加提督衔。8月，北洋舰队正式成军，分左、右、中、后四军，邓世昌被任命为中军中营副将，仍充"致远"舰管带。接舰有功。在以后的岁月里，邓世昌与此舰相随，直到生命最后一刻。

驻防威海

"致远""靖远""经远""来远"4艘军舰是当时中国最为先进的。它们的到达，是北洋舰队的一件大事。1888年春，"致远"等4艘军舰在渤海坚冰融化后，又北上到达了北洋水师驻守的天津大沽口。北洋水师由于增添了全新战舰，实力大增。同年9月，北洋水师正式成军，成为世界闻名、亚洲首屈一指的大舰队。邓世昌作为北洋水师高级将领之一，深感责任重大，更加刻苦钻研技术，以提高自己的指挥水平。

邓世昌两次出国接舰，第一次接回"扬威""超勇"二舰，第二次接回"致远""靖远""经远""来远"4艘军舰。"扬威""超勇"二舰停泊天津大沽口，当地百姓以此为奇观，奔走赞叹。这两艘炮舰与原先的舰艇相比，犹如羊群里闯进两只猛虎，很是显眼，引来众多参观者。眼见大小军舰已经十多艘，水师高层和朝廷大臣却为水师停泊一事犯愁。考虑多方面因素后，威海卫成为一个最佳候选。

北洋水师想要以威海卫为驻泊之地，督操丁汝昌派遣邓世昌、林永升，前往威海卫视察北洋水师水陆情况。邓世昌、林永升二人都是清末水师出色将才，一向以心细、胆大技高而为人称道、为人所服。邓、林此番前往威海卫，但见此处港阔水深，群峰揽抱，又有刘公岛作为天然屏障，实为难得良港，心下好不欢喜，于是将山高谷低、城郭水岸、航道流情等诸多事项一一测记，毫无粗疏，尤其将刘公岛方位地理、距岸远近等诸多数据，描画甚为详细。邓世昌、林永升二人视察完毕后，返回天津大沽口，将所见所闻报告给丁汝昌。

丁汝昌听完邓世昌、林永升二人的汇报，又详细翻阅笔录，发现比早先所制的"威海卫水陆详情录"更为详尽，甚觉满意，当即拟就北洋水师移驻威海卫章法，并报请李鸿章批示。不久，李鸿章同意了丁汝昌的奏报，丁汝昌遂亲率舰船赶往威海。一路上，大大小小的舰船按顺序行驶，龙旗飘飘，浩浩荡荡，景观甚为宏大壮观，直叫丁汝昌豪情陡涨，壮志倍增，誓言将要造就威武强大的北洋水师，固守华夏海疆。

北洋水师驻泊威海卫，当地百姓无不欢欣鼓舞，纷纷送来米粮菜食，以表示慰问之情。水师官兵遵守上命，一概不收取百姓的钱粮，只急得老百姓坐在海滩上哭啼。丁汝昌得知情况后，深为百姓的举动感动，无奈之下只好下令起锚移舰，退至刘公岛近海停泊方才安心。丁汝昌又率领刘步蟾、林泰曾、邓世昌、林永升、叶祖珪、方伯谦等一班爱将要员，到刘公岛勘察地形地貌。勘察完毕后，众人回到舰上召开会议，丁汝昌叫众人畅谈看法。

刘步蟾说道："纵观大局，威海卫的确为海防要地，我们的舰船停泊在这里，实在是明智之举。而就威海卫而言，刘公岛不就是人的眼睛，一国的门户吗？驻泊威海卫，应该以刘公岛为重。"

叶祖珪说道："林永升参将所说的在刘公岛上架设炮台，这是必不可少之策。此外，我们北洋水师已有十几艘战舰，养护战舰不是小事，在刘公岛因地制宜，设置维修战舰的地方，这是目前要办的事情。"

丁汝昌不住点头，又对邓世昌、林永升说道："正卿（邓世昌）、钟卿（林永升）等到最后，一定有不同寻常的见解，现在可以说出来了。"

邓世昌、林永升相视一笑。邓世昌说道："钟卿才思敏捷，一定有不一样的见识，还是你先说一说吧。"林永升则说："正卿（邓世昌）一向思虑周密详细，无人能比，我说几句，也免不了你再补全，倒不如你都说出来，也省我些口舌功夫。"

丁汝昌说："也好。邓管带就说说看，如果有疏漏差异之处，林管带再补充就行了。"邓世昌听到丁汝昌这样说，略思片刻，这才说道："以上诸位同仁所言，都有道理。我想得浅，见识也不多，说不了什么要紧话，只能提提一些琐碎小事。我们北洋水师舰船既然驻泊威海卫，那么就必须配备有煤炭、水补给的地方，舰船养护维修的地方，鱼雷炮弹修理的地方等，各种事物保证舰船无后顾之忧。这种军用场所，如果能设置在刘公岛之上，实际上是对舰船有利，又能阻隔外国人，又可以保安泰。"

邓世昌话音未落，林永升立即说道："不得了，不得了！你真是将我想到的、我没想到的都包揽无余，省我一番口舌了。"

丁汝昌欢喜地说："太好了，太好了！你们大家所说的，都有参考意义，尤其是正卿（邓世昌）一番话，看似琐碎小事其实每样都很要紧。我把大家的想法集中起来，形成奏章，上报请批，希望能尽早建设我们北洋水师的基地。"

没过几天，丁汝昌拟好章程，乘坐舰船返回天津大沽，将威海卫情形，详细地报告给李鸿章，并上报拟在刘公岛建设军用设施的图文章程，请李鸿章审批。过了三天，批文下来了："批建刘公岛屯煤所、工程局、机器局及鱼雷修理厂。"

北洋水师官兵在刘公岛外招来工匠一番苦干，几个月工夫，就在岛的西南近海处建设了工程局、机器局和屯煤所，又

致远舰

增建鱼雷修理厂，鱼雷艇队可以就近保养及修理鱼雷，舰船出现损坏再也不需要远到旅顺港维修了。

邓世昌对刘公岛的居民说："人民如果想安居乐业，国家必须要保证国土边境安全，国家不和平安定，人民过得也不安定。如今政府设北洋水师，用意就是为了守卫海疆，安邦泰国，让华夏子孙能不受外国人欺辱，可以在中华大地上安居乐业。"

"致远"管带

"致远"舰，防护巡洋舰，英国建造，同"靖远"舰一同为北洋水师中航速最快的战舰。它长76.2米，宽11.58米，吃水4.57米，排水量2300吨，动力为2座蒸汽机、4座燃煤锅炉，双轴推进，功率6850匹马力，航速18.5节，正常载煤200吨，最大载煤量520吨，续航力6000海里/10节，装甲甲板厚3英寸（倾斜处）/2英寸（平坦处），司令塔装甲厚3英寸，火炮炮盾厚2英寸，全舰编制204~260人，管带为副将衔。致远舰于1886年9月29日下水，1887年7月23日建成，同年11月抵达大沽。"致远"与邓世昌相伴7年，甲午海战中邓世昌誓与"致远"舰共存亡，最后同沉大海，他早已同"致远"融合在一起。提到"致远"就会想起邓世昌，在"致远"舰全力冲向日军"吉野"号时，"致远"就是邓世昌，邓世昌就是"致远"。

1888年，台湾后山的部落番地，经常出现滋扰事件，清朝官军前去围剿失利，番地的土著居民气势更加高涨。福建提督孙开华受命统军查办，李鸿章派邓世昌随同北洋提督丁汝昌前往台湾助剿。于是邓世昌驾驶"致远"舰赴台湾埤南一带。当时在台湾的陆军已经苦战多月，虽然时不时会抓到滋事土著，但是山林深密，不容易进入。邓世昌驾舰驶到近岸的地方，用船炮轰打，这才使得水陆两军长驱直入，对滋事土著进行打击，毁掉他们的碉寨，将吕家望、大庄等滋事土著的基地攻克，骚乱这才平息。邓世昌也因此以总兵记名简放，并加提督衔。

在这一年，邓世昌回广州探亲，这是他阔别家乡17年后第二次回家乡探亲。但是这次他未能见到他的父亲，老人家已在几年前去世了。当时，邓世昌接到丧报，但军务在身，不能回家奔丧。这次回到家中，他哭昏在灵前，醒后挥泪写祭文，将未能见父亲最后一面视为"终身大戚"。

中国自古以来从不缺少为了忠义抛头颅洒热血的仁人志士，文天祥宁死不降元，从容赴死，留取丹心照汗青；史可法面对清军十万，死守扬州，"誓与城为殉"；及至鸦片战争爆发，广东水师提督关天培力战殉国，他们的名字刻在爱国主义的丰碑上熠熠生辉。爱国主义是什么？"爱国主义就是千百年来建立起来的对自己祖国的一种最深厚的感情。"一个念头，一个举动，一种选择。或许答案很长，只能用一生来回答。

每当中华民族面临生死存亡的紧急关头，仁人志士总能以民族与国家全局利益为重而暂抛开骨肉之情，力挽狂澜。甲午海战中，邓世昌能不畏强敌、勇往直前、甘洒热血、视死如归，就是具有这种精神。

在北洋舰队，大家在私底下给邓世昌起了一个外号，叫做"邓半吊子"。意思是倔强固执、爱较真、一根筋、认死理。听起来这个外号似乎是贬义的，其实是一个很高的评价，因为它还有一层意思是敢作敢为，执着不悔，特立独行，与众不同。

北洋舰队有一条军规，要求舰长常年住在船上，不能建屋住家，但是这条纪律落实得并不太好，真正做到的人不多，大多数海军将领在岸上安家，家眷也住在岸上。尤其自光绪十六年（1890年）春，总查琅威理因升旗之事，与右翼总兵刘步蟾争执生隙，一怒之下甩手而去，从那之后水师军纪逐渐松懈，将领到了晚上就上岸居住的特别多。"济远"管带方伯谦，第二年初的时候就在烟台、威海及刘公岛三处建宅，他的妻妾都住在里面。方伯谦的夫人许氏亡后，方伯谦又在上海钱江里公馆续娶夫人葛氏。葛夫人俏美动人，婚前追逐者众多，方伯谦花了大力气才娶得，很是心欢，视若珠宝。方伯谦让葛夫人住在刘公岛寓所内，而李、陈二妾则仍住烟台、威海。

水师将领中，一直不上岸住的，只有"致远"管带邓世昌。他当了6年"致远"舰舰长，中间只回过3次家，其余时间都待在船上，带领全体官兵刻苦训练。

这种"半吊子"性格在邓世昌的舰长生涯中展现得淋漓尽致。"致远"的管理和训练工作都很出色，有人说他开军舰就像骑马一样娴熟自如。在加强技术、战术训练的同时，他还特别注重思想教育，宣讲忠孝节烈。他教育官兵认识死的意义："人生自古谁无死，但希望能死得其所，死得值……我们参加海军驻守海防保卫海疆，早就置生死于度外，我们死了，换来海军威名远扬，这就是报答国家了！"只有深怀爱国之心，深感国家危亡的人，才能发出这些振聋发聩的声音。

是的，人都是要死的，有人死得轻于鸿毛，有人死得重于泰山，死是无法选择的，但怎么死是可以选择的，这取决于你的信念。在北洋舰队的主力舰舰长中，邓世昌属于坚定的主战派。丰岛海战后，邓世昌怒不可遏，他主张北洋舰队主动进攻与联合舰队决一死战，并对全舰官兵说："设有不测，誓与日舰同沉！"邓世昌将用行动告诉他的官兵们，这不是一句空洞的口号，而是一个庄严的承诺。

邓世昌在治军中，怀有强烈的忧国忧民的忧患意识，他号召官兵多向爱国志士仁人学习。他对官兵亲如手足，十分爱护，部下无不为之效力。从英国驾船回国途中，有一名水手病故，按规定，在船上病故的人，如果离岸较近，就必须葬在陆地，不能把尸体投入大海；如果离岸较远，那就只能把尸体扔到海里。当时英国人琅威理总管出洋接船事宜，如果把水手病故的事向他报告，那他一定会下令把尸体投入大海。水手们都向邓世昌求情，希望别将已故水手葬在海里。邓世昌顾念人情，决定自己承担责任，按照中国的传统习惯，他命木匠打好棺材给水手入殓，等靠岸时葬在陆地。这样一来，死者得到陆葬，生者也得到了慰藉。

邓世昌成长为民族英雄，这与他关心祖国命运和同情人民群众是相联系的。邓世昌青年时代的一首诗作至今流传："南楼高耸入云霞，四面江山壮观吟，傍晚一城空寥阔，炊烟浓处几家人？"反映了他热爱祖国壮丽河山和感叹帝国主义侵略下家园残破荒凉的思想感情。

心怀国家的邓世昌作为舰船管带，治军严厉，但他对于贫苦大众和生活在社会底层的人民饱含同情。他从英国驾舰回国航经直布罗陀海峡时，遇到一些被西班牙人掠卖到那里的广东华工，华工恳请邓世昌搭救他们。邓世昌对他们"食不饱，寒无衣"的悲惨境遇非常同情，答应携带他们回国与家人团聚。

邓世昌还处处以身作则，生活简朴，与士兵共甘苦，死后家无余财。当他牺牲后，连李鸿章也为之赞叹道："竟不知如今还有这样的人存在！"

舍生取义，以身殉国，在甲午海战中作出这种选择的不只邓世昌一人。邓世昌的优秀同窗，几乎全在甲午海战中殉国。

北洋水师各主要战舰舰长及高级军官几乎全为福州船政学堂毕业，并大部分曾到英国海军学院留学、实习。舰队内一直也有外国人担任军官作技术专家及指导。北洋舰队的军官大多懂英语会说英语，内部指挥命令也是以英语发号。在甲午海战中，这些主要舰长和高级将领几乎全部殉国，书写了悲壮的爱国诗篇。主要成员有：

丁汝昌：水师提督（自尽），安徽庐江人，1888年，52岁任北洋水师提督。

刘步蟾：右翼总兵、"定远"号管带（自尽），福建侯官人，1888年，任水师右翼总兵。

林泰曾：左翼总兵、"镇远"号管带（自尽），福建侯官人，1888年，37岁为北洋水师左翼总兵，加提督衔。

邓世昌：中军中副将、"致远"号管带（战死），广东东莞怀德乡人，1888年，39岁以总兵记名简放，并加提督衔。

叶祖珪：中军右副将，"靖远"号管带（革职），福建闽侯人，1889年，37岁任中军右营副将。

林永升：左翼左营副将，"经远"号管带（战死），福建侯官人，1891年，39岁任总兵。

邱宝仁：右翼左营副将，"来远"号管带（革职），福建闽侯人。

黄建勋：左翼右营副将、"超勇"号管带（战死），福建永福人。

林履中：右翼右营副将、"扬威"号管带（战死），福建侯官人。

杨用霖：左翼中营游击，原"镇远"号帮带，林泰曾自尽后接任管带（自尽），福建闽县人，1891年，37岁任参将。

萨镇冰：副将衔精练左营游击，"康济"号练船管带。

第三章　甲午风云

日本野心

1868年，日本国内发生了一场惊天动地的变革，史称"明治维新"，这场变革对于日本的发展意义深远，它帮助日本从一个落后的东亚岛国一跃成为亚洲第一个走上工业化道路的国家，跻身于世界强国之列。

明治维新前的日本处于德川幕府时代，这也是日本历史上最后一个幕府统治时期。掌握大权的德川幕府对外实行"锁国政策"，几乎所有的对外活动都处于禁止状态，通商国仅限于中国、朝鲜和荷兰等国，通商口岸也只有长崎一地，可谓闭塞无知，愚昧自大。与此同时，个别经济较发达的地区出现了雇佣工人进行劳动的现象，这一现象的产生表明人们不需要再固守着手中的土地进行劳作，摆脱了土地的束缚，自给自足的生活模式也趋于式微。基于自给自足经济基础的幕府统治也因此受到了巨大的冲击。同时，商品交换的模式日渐兴起，商人阶层逐步壮大，当他们感觉到旧有制度严重制约着他们的发展时，改革政治体制的呼声也随之水涨船高，商人阶层与某些主张改革的大名武士以及反对幕府统治的组成政治联盟，成为"倒幕派"的中坚力量。

另一个促成改革的因素则是发生在1853年的黑船来航事件，美利坚的船坚炮利叩开了日本封闭已久的大门，日本被迫与美国签订了一系列不平等条约，再次将腐朽的幕府政府推上风口浪尖，成为民众口诛笔伐的对象。内部矛盾的激化，民族矛盾的加深，不堪忍受幕府统治和外国侵略者压迫的日本民众纷纷要求"富国强兵"。他们拿起武器，开展了轰轰烈烈的"倒幕"运动。经过一系列斗争，倒幕派取得了决定性的胜利，由天皇操纵、主导政权的君主立宪制军国主义国家建立，资本主义制度在日本逐步确立起来。由于新政府确立年号"明治"，故史称"明治维新"。

明治政府励精图治，通过颁布纲领性文件《五条誓文》，建立中央集权的政治体制，废除社会等级制度，并吸收西方先进文化和先进技术，改革经济制度、教育体制、司法体系和军事制度，逐步实现富国强兵、殖产兴业、文明开化的目标。

"明治维新"后，日本经过二十多年的发展，国力日渐强盛，先后废除了幕府时代与西方各国签订的一系列不平等条约，重新夺回了国家主权，最终进入了近代化。可以说，"明治维新"是日本历史的转折点。日本从此走上独立发展的道路，并迅速成长为亚洲强国，乃至世界强国。

然而，日本的野心还远远不止于此。日本国土面积狭小，资源短缺，市场狭小，不能满足快速增长的经济需求，而日本产业革命出现高潮，因此急需对外的商品输出地和资本输出地。另外，其改革遗留了许多问题，如天皇权力过大、土地兼并依然严重等封建残余现象，与日后发生的一系列日本难以解决的社会问题相互影响，极端民族主义和军国主义大行其道，因而在实现富强的同时，日本也走上了侵略扩张之路。

明治维新后日本"不甘处岛国之境"，力图用战争手段侵略和吞并中国、朝鲜等周边大陆国家，这些举措被称为"大陆政策"。"大陆政策"来源于1887年日本参谋本部制定的所谓"清国征讨策略"，这个政策逐渐演化为以侵略中国为中心的"大陆政策"。

"大陆政策"第一步是攻占台湾，第二步是吞并朝鲜，第三步是进军满蒙，第四步是灭亡中国，第五步是征服亚洲，称霸世界，实现所谓的"八纮一宇"（意为"天下一家"）。

1894年爆发的甲午中日战争就是日本实现"大陆政策"前两个步骤的重要环节，这场战争是不可避免的。

日暮帝国

同时期的中国则处于清朝晚期，同样是被坚船利炮轰开国门，中国却没有像日本一样改革图强走上资本主义的发展道路，反而沦为半殖民地半封建社会，被自古以来附庸的日本反超。康雍乾三世雄霸天下的气势已荡然无存，老大帝国已趋日暮。

中英鸦片战争使中国丧失了独立自主地位，开始沦为半殖民地半封建社会，中国社会性质发生了巨大变化。鸦片战争以后，中国的领土、领海、司法、关税和贸易等主权开始遭到严重的破坏，中国在政治上已经丧失了独立自主的国家地位。特别是列强建立的租界，完全独立于中国行政系统和法律权限以外，是"国中之国"，成为列强推行侵华政策的基地。以小农业和家庭手工业为主体的自然经济开始解体。一方面，东南沿海地区以棉纺织业为主的家庭手工业受到外来商品的巨大冲击；另一方面，以丝茶为主的农产品日益商品化。

第二次鸦片战争使外国侵略势力从沿海深入到内地，从东南沿海扩展到东北沿海，中国半殖民地化的程度进一步加深。外国公使进驻北京，便于通过清政府直接控制中国；英俄侵吞大片领土，进一步破坏了中国的领土完整；成立总理衙门，清朝中央机构开始半殖民地化；任命英国人为海关总税务司，使中国的海关管理权落入外国人手里。这一时期，由于洋务派多方依赖洋人，引进西方技术和设备，为外国扩大经济侵略提供了便利，加上外国侵略者直接控制中国海关，资本主义国家对中国的经济侵略大大加剧，外国商品充斥中国市场。第一次鸦片战争之后，洋货输入并未打开局面，但在第二次鸦片战争之后，封建自然经济在外国商品冲击的大潮下终于败下阵来，家庭手工业纷纷破产，农产品加速商品化。同时，由于失去海关保护，民族工业的发展举步维艰。中国社会经济面对资本主义世界市场的挑战变得不堪一击，中国沦为外国侵略者的商品销售市场和原料掠夺地。

1883年，中法战争爆发，中国"不败而败"，不仅充分暴露了清政府的软弱无能，而且进一步刺激了列强侵略中国的野心，加快了中国半殖民地化进程。清政府承认法国对越南的殖民统治，加剧了中国边疆危机；允许法国在中国投资建筑铁路，不仅有利于列强对中国的资本输出，而且为列强通过铁路向中国境内渗透，加强政治、经济和文化侵略和瓜分中国提供了更为便利的条件。

在这样的历史时期里，中国各阶层纷纷以其独有的阶层视角探索着解决民族矛盾的方案。在农民阶级眼中，腐朽没落的清政府是一切矛盾的根源。1851年，以太平天国运动为首的农民起义一时间如火如荼，最后却轰轰烈烈地倒了下去。19世纪六七十年代，清政府统治集团中的洋务派则掀起了一场以"自强"、"求富"为口号的洋务运动。洋务运动在科学技术（特别是军事技术）方面向欧美看齐，因此清朝一度出现"同治中兴"的景象。清朝于1888年正式建立的北洋水师就是其中的一个典范，这是清朝后期建立的第一支近代化海军舰队，同时也是中国清代政府建立的四支近代海军中实力最强、规模最大的一支，也成为亚洲一个强大的海军力量，使得欧美列强也放缓了侵略中国脚步。

然而相比近邻日本，清政府所做的一切还远远不够。通过中日双方战前军事实力的对比便可见一斑。1890年前，中方的军事实力在与日方的较量中一直略居上风，北洋海军二千吨位以上的战舰有7艘，总吨位27000多吨；而日本海军二千吨位以上的战舰仅有5艘，总吨位约17000多吨。然而，日方一直极为重视军事力量的发展，从未停止积极扩军备战，在这样的指导方针下，日本以国家财政收入的60%来发展海军、陆军，直至中日甲午战争前，日本海军拥有军舰32艘、鱼雷艇24艘，总排水量72000吨，一举超过了北洋海军。同时，日方还建立了一支拥有63000名常备兵和23万预备兵的陆军，包括6个野战师和1个近卫师。就这样，在军事近代化的道路上，日本已经远远走在了中国的前面。

这个时候的中国经过数十年的洋务运动，初见成效，开始得意轻敌。又在与西方各国打交道的过程中，认为西方人"并不利我土地人民"，只是想在贸易上占些便宜而已，于是就更加放松了军备意识。北洋海军自1888年正式建军后，就再没有增添任何舰只，舰龄渐渐老化，与日本新添的战舰相比，火力弱，射速慢，航速迟缓。当时北洋水师有舰艇25艘，官兵4000人。到甲午战争前，北洋舰队的大沽口、威海卫和旅顺三大基

海军公所，又名北洋水师提督署，俗称丁公府。位于今威海城区东部，刘公岛南部

地建成。但清朝军事变革基本停留在改良武器装备的低级阶段，陆海军总兵力虽多达80余万人，但编制落后，管理混乱，训练废弛，战斗力低下。

最致命的是，清朝腐败，海军经费都被私挪。当时清朝的实际掌权者是慈禧太后，光绪皇帝并非慈禧亲生儿子，而是醇亲王奕譞和慈禧太后妹妹所生的儿子。同治皇帝死后没有子嗣，为了垂帘听政掌握实权，慈禧太后立奕譞的儿子载湉为皇帝。奕譞自然也成为慈禧太后的心腹，作为满清皇族掌军的标志，他出任海军大臣，名义上是中国海军事务的最高负责人。

北洋海军建立之后，军费是一笔必要的开支，然而慈禧想借海军之名盗用海军经费，来修建她的私家花园颐和园，以供她颐养天年之用。奕譞无奈，只能唯慈禧之命是从，并将这一消息告诉了李鸿章。

李鸿章曾给海军衙门写过一封信函，上面提到："北洋水师一切用款，都是在划拨的经费内核实后进行开支，是不敢有一点浪费的。从前户部拨款号称二百万两，近些年来各地收上来的岁款才只有五六十万两。从去年开始，划拨经费更少了，但支出还等着急用，鸿章正深深焦虑……"这是李鸿章写给海军衙门的信函，说的是北洋水师财力困顿的窘状，并非夸大其词。但正是在这种情况下，当从醇亲王奕譞口中得知慈禧欲挪用海军经费修建颐和园时，李鸿章却丝毫没有怨言，反而与奕譞积极策划、实施挪款筑园的大计。

他们议定假借海军之名，大肆筹集款项，而后以兴办昆明湖水师学堂的名义，移款修建颐和园。此议禀报慈禧太后，慈禧很是欢喜，催他们抓紧办理。李鸿章便借着海军经费的名义，手持朝廷明诏，广筹款项，毫无顾忌。奕譞则按照计划呈上《奏请复昆明湖水操旧制折》，请旨兴办昆明湖水师学堂。慈禧太后当日即下懿旨准奏曰："同意。"而在《奏请复昆明湖水操旧制折》之外，奕譞还另外呈一封奏折："因为看见昆明湖沿湖一带殿宇亭台半旧不新了，如果不稍加修葺，实在是恐怕检阅海军时不够彰显尊敬……所以打算将万寿山及广润灵雨祠原来的殿宇台榭和沿湖各桥、牌楼酌情加以保护修补，到时候供太后临幸。"修湖建园，这才是本意。

但是，整个朝廷不全是趋炎附势，置国家安危于不顾的小人，慈禧、奕譞、李鸿章等人偷梁换柱的计谋被识破，许多正直的大臣纷纷上疏请求停止修葺颐和园。没想到正直敢言的大臣们全都遭了殃，慈禧一手遮天，御史吴兆泰被慈禧斥为"冒昧已极"，把他严加惩处；御史林绍年被逐出京都，贬官到云南；御史屠仁守被降旨革职，永不叙用……

从此满朝文武官员没人再敢上疏，任凭奕譞、李鸿章等人广筹军费，移款修建颐和园。

1891年以后，北洋水师甚至连枪炮弹药都停止购买了。

慈禧太后与明治天皇相比，对照何其鲜明。中国在甲午战争中的惨败也就不足为怪了。

军事力量落后所折射出的是中国封建制度的腐朽和没落。时值暮年的清朝政府作为封建统治的代言人和守护者，政治腐化，致使民不聊生，官场中各派系明争暗斗、尔虞我诈，国防军事外强中干、纪律松弛，领土与主权不断被列强所瓜分蚕食，内外交困，积贫积弱，因此所谓的"中兴"并未能彻底改变中国半殖民地半封建的悲惨现状，也未能使中国真正走上富国强兵的道路，只能算是封建制度走向灭亡前的一次"回光返照"罢了。

19世纪末的东亚地区，一个是衰朽残年的老大帝国，一个是喷薄欲出的近代国家，孰强孰弱已经一目了然。在这种情况下，日本必然会将侵略扩张的魔爪伸向中国，战争无法避免，只是或早或晚的问题。

派兵平乱

早在明治维新确立"大陆政策"之时，日本觊觎中国之心昭然若揭。然而1871年，近代中日两国却签订了第一个条约《中日修好条规》，日方宣称与清政府平等相待，互不侵犯领土主权。日本借此麻痹清政府，趁机瞒天过海开始着手对朝鲜、台湾和琉球的侵略扩张。

1872年，日本开始侵略中国附属国琉球，准备以琉球为跳板进攻台湾。1874年，发生了琉球漂民被台湾高山族土著杀死的事件，日本利用清朝官员的糊涂，以琉球是日本属邦为借口大举进攻台湾岛，这是近代史上日本第一次对中国的武装侵略。但当时日本和中国实力悬殊，加上水土不服，日军失利。在美英等国的"调停"下，日本向清朝勒索白银50万两，并迫使清廷承认日军侵台是"保民义举"（这就间接承认琉球人是日本属民），才从台湾撤军。后来，由于清廷的软弱无能，日本于1879年完全吞并了琉球王国，改设为冲绳县。

随后，日本又开始侵略中国的另一个属国——朝鲜。1876年日本以武力打开朝鲜国门，强迫朝鲜政府签订《江华条约》，取得了领事裁判权等一系列特权，公然把朝鲜的宗主国清朝排斥在外，充分暴露了日本独占朝鲜的野心。

1882年朝鲜发生壬午兵变①，政局动乱，日本想要趁机发动战争。国王李熙见大事不妙，慌忙向清廷求救，希望清廷出兵一解燃眉之急。

朝鲜当时是中国藩属国，有难相求，怎能不帮。署理直隶总督张树声急令北洋水师督操丁汝昌、道员马建忠，率领军舰

---

① 壬午兵变：是 1882 年 7 月 23 日（农历壬午年六月初九日）朝鲜发生的一次具有反封建、反侵略性质的武装暴动。朝鲜王朝京军武卫营和壮御营的士兵因为一年多未领到军饷以及对由日本人训练的新式军队别技军的反感，而于 1882 年 7 月聚众哗变。起义士兵和市民焚毁日本公使馆，杀死几个民愤极大的大臣和一些日本人，并且攻入王宫，推翻了闵妃外戚集团的统治，推戴兴宣大院君李昰应上台执政。

赶赴朝鲜，察观势态。于是丁汝昌携林泰曾、邓世昌诸将，率"威远"、"超勇"、"扬威"三舰东渡赴朝。邓世昌时任"扬威"舰管带。

邓世昌管驾"扬威"，技术精熟，鼓轮疾驶，迅捷异常，与"超勇"、"威远"径赴仁川口。到了之后发现日本海军少将仁礼景范已乘金刚舰抵达。丁汝昌等人一看大事不妙，料定日本人一定是想趁火打劫，趁乱出兵侵略朝鲜，清朝方面须出重兵才能解围。于是丁汝昌派林泰曾、邓世昌率"超勇"、"扬威"二舰坚守仁川港，自己乘"威远"舰回天津请求援军。张树声接到奏报，也觉出事态紧急，于是连忙奏调浙江提督吴长庆率军东渡，平定乱事，由北洋水师派船运送。丁汝昌以"威远"为护卫舰，遣"日新"、"泰安"、"镇东"、"拱北"四船，载运吴提督军兵三千多人，奔赴朝鲜。清兵抵达朝鲜首都汉城，借口说要扶持大院君李昰应，李昰应被诓得出面，正巧被拿下，押解到天津。所余大院君党首一百余众，全部都捕获法办。全部事情了结之后，日方的军兵才到，见到清军已经料理完朝鲜乱事，又有林泰曾、邓世昌率"超勇"、"扬威"二舰坚守仁川港，不得进入朝鲜，于是悻悻而归。

朝鲜乱事快速解决，日本的图谋没有得逞，清廷上下都很欣慰，于是对有功者予以嘉赏。北洋水师将士当然是功不可没，邓世昌的表现优异，被荐保游击，并赏予勃勇巴图鲁勇号。满洲习俗好以称号表彰人，赐号中最习见的是巴图鲁，表示武勇，所以又称为"勇号"。巴图鲁勇号有两种：一种只称巴图鲁；另一种巴图鲁之外再加其他字样，是专称。林泰曾以功被提拔为副将；林永升、黄建勋以功升都司，并赏戴花翎；陈荣奖以蓝翎千总，沈寿昌为把总等等。

中日两国同时出兵朝鲜，清军虽然在这次事件中压制住日军，但日本还是如愿在《济物浦条约》中取得了在朝鲜的派兵权和驻军权。

1884年，日本帮助朝鲜开化党发动甲申政变，企图驱逐中国在朝鲜的势力。袁世凯率清军击败了日军，镇压了这次政变。但日本人还是利用了清廷的昏庸同清朝订立了《天津会议专条》，规定中日两国同时从朝鲜撤兵，两国出兵朝鲜须互相通知。《济物浦条约》使日本取得了以保护公使馆为由出兵朝鲜的权利，《天津会议专条》则使日本取得了与中国在朝鲜共同行动的权利，这两个条约为后来的甲午中日战争埋下伏笔。

检阅舰队

光绪年间，中国海军有北洋、南洋及广东三支舰队。南洋及广东舰队军备皆较陈旧，直隶总督李鸿章所创办的北洋舰队武器装备最为先进，拥有10厘米口径大炮的战舰、装甲巡洋舰、轻捷巡洋舰和鱼雷艇约22艘以上，以英国海军军官琅威理为顾问，丁汝昌为提督。

北洋水师成军以来，三年举行一次大检阅，邓世昌在检阅中尽显自己的才能，李鸿章奏报朝廷，谕旨赏赐"噶尔萨巴图鲁"勇号，覃恩赏给三代一品封典。

1886年5月，醇亲王奕譞奉懿旨出京，同海军事务会办大臣李鸿章、帮办大臣善庆等，前往大沽口、旅顺口、威海卫、烟台各海口要塞，视察炮台、防军及船坞诸项，并检阅南北洋水师。

参加检阅的军舰除了北洋水师的"定远""镇远""济远""超勇""扬威"五舰，南洋水师的"开济""南琛""南瑞"三舰也被调来旅顺会合。8艘军舰布形变阵，发炮操演，既整齐又敏捷，奕譞观看后非常满意。在旅顺操演完毕，醇亲王意犹未尽，又亲率八舰驶往威海卫。一行人察视过威海卫及刘公岛的炮台、码头、修理厂等项军事设施，然后又前往烟台巡阅。

回到北京后，醇亲王奕譞向慈禧太后详细汇报了巡察北洋海防的相关情况，并奏称："臣等调南北洋八艘军舰在旅顺海面进行检阅，令他们在威海烟台一带行驶。八艘军舰布阵整齐，旗语灯号井然有序。如果按照这样标准继续操练下去，坚持不懈，以后能成为非常有实力的海军队伍。"

在大加夸奖了一番海军舰队后，奕譞又指出了些许不足，为北洋水师的未来做了美好筹划。"只是这些船，加起来还嫌少，分开就更别说了，希望明年能从英国德国订四艘军舰来，与现在的北洋水师的五艘军舰合起来组合一支舰队。如果还有

1886年，醇亲王奕譞（中）与直隶总督北洋大臣李鸿章（右）、正红旗汉军都统善庆（左），三人巡阅水师

款项就再从国外购买添置。海防之事事关重大，长久之计是等军舰成军，应该设提督专职等，拟定出章程，专款专用，稳固军心。"

奕譞的提议正和了李鸿章的想法，李鸿章很快又从英国德国接回了"致远""靖远""经远""来远"4艘军舰，北洋舰队正式成军。

1894年北洋舰队举行大检阅，恰逢慈禧太后六十寿辰，所以这次检阅办得特别盛大，朝廷特派李鸿章和督办东三省练兵事宜都统安定主持。5月7日，李鸿章带领山东登莱青道刘含芳、前任津海关道刘汝翼、直隶候补道袭照玙、天津营务处总兵贾起胜、津海关道盛宣怀、军械局总办张士珩等乘"海晏"轮，至咸水沽登陆，赴小站。次日在小站检阅陆军。

9日，李鸿章一行到达大沽口，由海军提督丁汝昌率领的北洋舰队早已在那里等候了。在大沽口，北洋舰队有"定远""镇远""济远""致远""靖远""经远""来远""超勇""扬威"9舰，还有记名总兵余雄飞率领的广东舰队之"广甲""广乙""广丙"3船，以及记名提督袁九皋和总兵徐传隆分别率领的南洋舰队之"南琛""南瑞""镜清""寰泰""保民""开济"6船。另外，北洋舰队的"威远""康济""敏捷"3艘训练船已先赴旅顺等候。

10日，全体舰船于落潮时出海，沿途行驶操演，不时改变阵形，或雁行或鱼贯，操纵自如。李鸿章在甲板上观看，频频捋须点头，表示满意。正当李鸿章陶醉时，远处有一艘兵舰随尾而来，旗帜看得很清楚，舰上悬着太阳旗，是一艘日本兵舰。原来日本探悉北洋海军演习，特派"赤城"号尾随观看，还打着致礼的旗号。北洋舰队当局始终不警惕，任其跟随。

11日，舰队驶抵旅顺，督办东三省练兵事宜都统安定已先一日到达。15日抵大连湾。17、18两日进行鱼雷和大炮演习，鱼雷均能命中，大炮中靶率也在七成以上。

19日，全部舰只到威海卫，部分兵舰登陆，演习陆上枪炮阵法，变化灵活，敏捷利落；还调集南北各船，各挑水军枪队20名打靶，每名射击3次，均能全中。接着"威远""敏捷""广甲"3船操演风帆，既快又灵活，博得大家的喝彩。当晚全舰队万炮齐发，进行实弹演习，受到英、法、俄、日四国来宾的盛赞。北洋海军检阅至此结束。

在打靶演习中，邓世昌展示出惊人的实力。"致远"舰发弹16发，一发哑弹，一发脱靶，剩下的14发全部命中目标。这个成绩不但让同事们惊讶佩服，甚至惊动了李鸿章和清廷。那时海军打靶的大众水平，命中率只有10%，打10发，中1发。北洋舰队提高标准，16中3算及格，16中5算优秀。邓世昌16中14简直就是神话，由此可见，邓世昌的训练标准很高，这也就不难解释海战中"致远"舰是最能打的。

然而，就在此次阅兵期间，朝鲜传来了警报。1894年5月8日，小站进行陆军阅兵时，袁世凯来电说："韩国全罗道泰仁县有东学党数千，聚众煽乱。现在派洪启薰带兵到那里去逮捕东学党人平乱，请求调驻守在仁川的'平远'号兵船运载韩兵，赴格浦海口登岸，聊助声势。"

丰岛海战

历史上，往往是不起眼的一件小事成为惊天大事的导火线。朝鲜东学党起义显然就是这一类。它成为甲午中日战争的导火线，那时的清朝恐怕没有想到这场战争过后，中国的国际地位一落千丈，财富大量流出，国势颓微，而日本却一跃成为亚洲强国，深刻地改变了东亚乃至世界政治版图。

东学党的创始人崔济愚是一个不得志的士子，他有感于官方的压迫和基督教的扩张，创立了号称集儒、道、释精髓而为一的"东学"信仰。朝鲜政府视它为邪教而加以取缔，并于1864年将崔济愚逮捕、论罪和斩首。这一教派被迫转入地下活动后，逐渐吸引了一些胸怀政治野心的人士。1892年，东学党人要求开禁，但被拒绝，他们的组织奉令解散。

1894年2月15日，全奉准率领东学道徒和农民袭击郡衙，驱逐郡守赵秉甲，并打开仓库将钱谷分给农民。起义军以古阜郡的白山为根据地，成立了组织，制定了行动纲领。6月1日起义军入全州城，开仓库将财富分给穷人。这样，全州至公州以南地方归起义军所有。

东学党占领全州后，扬言即日进攻公州、洪州，直捣王京。国王李熙闻奏大惊，立即召开廷臣会议讨论向清政府借兵问题。1894年6月3日，由内务府参议成岐运携带照会赴中国，正式要求清政府派兵。

李鸿章阅后，便向光绪帝请示，不久接到旨意："派令直隶提督叶（志超），选带劲旅，星驰往朝鲜全罗、忠清一带，相机堵剿，克日扑灭。一俟事竣，仍即撤回，不再留防。"李鸿章接到这个上谕，于6月4日即调直隶提督叶志超率同太原总兵聂士成、总兵夏青云带兵2465人，先后分坐招商局轮船由"扬威""平远""济远""致远""操江"5舰护送，开赴朝鲜。同时电致驻日公使汪凤藻，知照日本外务省，以符合之前中国签订的《中日天津条约》。

这时日本苦于师出无名，正好借机也出兵朝鲜。不久，朝鲜政府同东学党达成妥协。清政府命入朝军队集结牙山，准备撤回，同时要求日本撤军。日本拒不接受，随后挑起武装冲突，企图以武力控制朝鲜。清政府为增援牙山孤军，派北洋海军巡洋舰"济远""广乙"，练船"威远"，炮船"操江"，由"济远"管带方伯谦率领，护送运载援兵的"爱仁""飞鲸""高升"三轮（均为雇用的英国商船）赴朝。殊不知，这次普通的派兵调遣将会成为国人难以忘怀的惨痛经历，并引发了一场惊天动地的海上大战，而辽阔的黄海海面将会成为东亚的两支海军劲旅在此生死相搏的地方。

1894年7月23日，"威远"护卫"爱仁""飞鲸"两轮自牙山返航。25日晨，"济远""广乙"两舰也自牙山回航，接应正向牙山驶来的"高升""操江"，当驶至牙山湾口丰岛西南海域时，突遭日本联合舰队第一游击队巡洋舰"吉野"（旗舰）"浪速""秋津洲"3艘以高航速和高射速为特征的军舰的截击。尽管"济远""广乙"两舰觉察到日舰的动向，并且已经做好了应战准备，但是两国尚未正式决裂，本着人不犯我、我不犯人的宗旨，两舰只是保持静默不动，观察着日舰的一举一动。然而，日本舰队玩起了阴谋诡计，先佯装退军，将中国舰队引诱至开阔海域，企图利用侧舷火力优势，以扼住中国舰队的喉咙，给予致命一击。中国舰队果然放松警惕，这时第一游击队旗舰"吉野"率先发难，日本意在挑起事端，因此不宣而战，一时间，丰岛海面硝烟弥漫，喊杀震天，甲午海战的序幕就此拉开。

中国军舰随后还击，两军展开激烈炮战。正如前文所说，日本锐意进取，在军事现代化方面已经取得了不小的进展，单从军舰来看，军舰在吨位、火炮、时速、射速方面，较中国军舰占较大优势。

拿先锋舰"吉野"来说，"吉野"舰的排水量高达4150吨，舰长109.73米，甚至超过了当时中国体形最大的"定远"铁甲舰，航速高达惊人的23节，是当时世界上航速最快的水面军舰。日本天皇为筹集资金购买"吉野"，甚至宣布自己从此到击败大清国一日只吃一餐，皇太后也捐出了自己的首饰。由于天皇的举动激起民众的民族自尊，使得民众踊跃捐献购买"吉野"，日本商人和民间发起了"'吉野号'募捐会"。这些募集到的银两最后可以买3艘"吉野号"。半年后，日本政府把"吉野"开回了自己的港口。而"吉野"的对手"济远"舰与之相比较，无论是舰身长度、排水量还是行驶速度火力装备，两者的相差就不只是一个档次了。尽管领头羊"济远"是一艘穿甲巡洋舰，但是它只是一艘试验舰，已经被层出不穷的新技术所淘汰，显然无法和第一游击队的任何一艘日本军舰相比拟。

由于本来就处于被动的局面，加上武器、舰只、火力不占优势，中国舰队一开始就处于不利的局面。日本军舰上火炮装填、发射速度都极快。6寸速射炮的射速达到了每分钟4发，而4.7寸速射炮的速度更是达到惊人的每分钟7发，约计每分钟17门大口径火炮共可以投射80余发炮弹。在这样强大火力的打击下，"济远"舰上的海军官兵不但没有惊慌失措斗志全无，反而沉着冷静地进行了英勇的还击，各人职责明晰，有条不紊，展现出北洋水师官兵较高的战斗素养。除去平时艰苦训练的因素外，对日本舰队的警惕和防范也是中国舰队能够迸发极强的战斗精神的有力保障。

由于日舰火力过于凶猛，接战初始，"济远"就有了伤亡，此中涌现出一批可歌可泣的英雄人物，他们在危难关头并没有退避，身先士卒，坚守岗位，保证了"济远"舰作出有力的回击。在生死抉择的时刻大义凛然不作退让，直至战斗至最后一刻。

枪炮二副柯建章指挥水兵作战时，日舰发射的一枚炮弹击穿了"济远"前主炮，发生了剧烈的爆炸，四散的破片产生了灾难性的后果，炮弹爆炸后产生的破片在炮塔内四处反弹，许多水兵被击中倒下。柯建章，这位福建籍，没有海军学院学习资历，埋头实干从基层水兵一级级选拔出来的军官，不幸被破片击中胸部，当场壮烈牺牲。

黄承勋接替前主炮的指挥后，一面安排包扎伤员，一面激励士气，督促继续装弹开炮，然而很快又一枚炮弹击中了"济远"舰前主炮塔，黄承勋的手臂被破片打断，顿时倒地，身旁的水兵立刻将他扶起，准备送入甲板下医伤，黄承勋用力摇着头说道："你们都有各自的事情要做，不要管我。"说完就停止了呼吸，殉国时年仅21岁。"济远"舰受命出航前，舰队中的朋友们曾为黄承勋饯行，他曾激动地对一位挚友说道"此行必死！他日骸骨得归，惟君是赖。莫逆之交，爰以敦托。"不想一言成谶，勇士陨落，马革裹尸。

日舰炮火除集中攻击炮台外，对军舰指挥部位装甲司令塔也是"格外关照"。"济远"舰的司令塔设在飞桥之上，虽然可以获得良好的视界，对当下战况一览无余，但付出的代价却是将舰船的首脑暴露在敌人的炮火之下，在其中指挥作战，危险性是可想而知的。日舰的炮弹不断在飞桥附近爆炸，弹片打在司令塔上发出雨点般的声响，司令塔内，管带方伯谦和大副沈寿昌指挥军舰依既定航线往威海方向航行。突然一声惊天裂地的巨响，一颗日本炮弹击穿了1.5英寸厚的塔壁。司令塔内立刻被烟雾和碎屑包裹，弹片击中了大副沈寿昌的头颅，沈寿昌脑浆迸裂，不幸捐躯。同时阵亡的还有管旗头目刘鹍、军功王锡山等。

接连损兵折将让管带方伯谦心惊肉跳，对他而言，苟且保住生命有着更大的吸引力。在目睹了战友故去的事实后，方伯谦的意志开始动摇。这时，"济远"舰在"吉野""浪速""秋津洲"的密集火力打击下已是千疮百孔摇摇欲沉。但出乎所有人意料的是，紧随在"济远"之后的小型巡洋舰"广乙"竟然会开足马力，高速冲向日本舰队，为"济远"舰赢得了片刻的喘息之机。然而作为中方舰队的实际指挥者的方伯谦非但没有驶近配合"广乙"作战，反而利用这一机会，趁着战场上弥漫的硝烟，急速驶离战场，逃离而去。他完全忘记了作为编队队长的责任，甚至已经忘记了作为一名军人的天职。

方伯谦的一举一动并未逃过日军的眼睛，"吉野"发现了正在逃离战场的"济远"，遂下令"秋津洲""浪速"放弃追击"广乙"，向"吉野"靠拢集合后一起追击"济远"舰。

之后发生的事情则颇具戏剧性，根据中方对此事的记载以及多名当事人的回忆，"吉野"对"济远"穷追不舍，"济远"曾一度挂起白旗乃至日本旗以求自保！报国之心全无，狼狈累累如丧家之犬，令世人所不屑，"济远"号上山东文登籍水手王国成忍无可忍，把握时机开尾炮进行还击，三炮击中"吉野"，迫其放弃追赶，"济远"号得以保全撤退。但这三炮对日舰吉野号造成了怎样的破坏，胆小怯懦的方伯谦在上报的时候却进行了一定的"艺术夸张"，他在报告中说："……我船后台开四炮，都打中了'吉野'的要害，'吉野'遭到了重创，还打死了日本的海军司令和船员水手数十人，他们知道自己抵抗不了我们，于是悬挂我们清朝的龙旗逃跑了。"北洋水师提督丁汝昌作出的官方报告中也传达了类似信息，但是较为含蓄，不过丁汝昌的报告中提到了两名普通水兵的名字：王国成、李仕茂，称他们立下了头功。王国成发炮击退日舰一事经过艺术加工，成为人们耳熟能详的故事。

但事实的真相是怎样的呢？不久后北洋水师发现，在黄海海战和威海卫保卫战中的"吉野"号依旧极具战斗力，没有丝毫受过重创之后的迹象，便产生了怀疑，直到看到当时日本的资料，才真相大白：日舰"吉野"舰长源要一有一份追击"济远"号的详细报告，其中记载了受到"济远"炮击后该舰损失的情况，炮击中损毁的不过是一些信号绳索，一部发电机和飞桥上用来存放望远镜的箱子而已。至于"击中要害""击毙提督"云云，皆为方伯谦一人杜撰，以蒙蔽视听，文过饰非。在获悉丁汝昌的汇报后，北洋大臣李鸿章就有所觉察："这一炮这么厉害，如果我们每艘军舰都这样发炮，日本就算有坚船利炮，怎么还能是我们的对手呢？""如果没有确凿的证据，怎么能随便赏赐呢？"

然而天网恢恢疏而不漏，之后的黄海激战中，方伯谦再度临阵退缩，这一次他就没有那么幸运了，清政府下令将方伯谦"撤任，派人看管候奏参"。同日，军机处电寄李鸿章谕旨："本月十八日开战时，自'致远'冲锋击沉后，"济远"管带副将方伯谦首先逃走，致将船伍牵乱，实属临阵退缩，著即行正法。"翌日凌晨5时，方伯谦在旅顺黄金山下大船坞西面的刑场上被斩首，时年41岁。

再看此时的丰岛海面，失去了"济远"翼护的"广乙"号顿时受到了三支日本军舰的夹击。"广乙"号在管带广州人林国祥的指挥下，采取了以攻为守的战略，急速冲向"吉野"，用意非常明显。一是冲乱日舰阵形，缓解"济远"遭受的压力；另外则是借机使用鱼雷兵器发起突击。对于火炮武备单薄的"广乙"而言，并列在舰首的2具鱼雷发射管，是它最大的优势武器。

"吉野"号航速快，迅速摆脱了"广乙"的攻击。攻击"吉野"未果的"广乙"，则转而冒着弹雨冲向日本舰队的2号舰"秋津洲"，"秋津洲"和尾随其后的"浪速"集中火力向"广乙"进行攻击。"广乙"号尽管不屈不挠，弱小的船身却吃受不住两艘日本军舰的毁灭性的炮火打击，炮弹像冰雹一样砸向"广乙"，舱面的设施几乎被一扫而空，舵机被打坏"不堪行驶"，鱼雷也无法发射，全舰160名官兵，伤亡竟达70人以上，舱面人员几乎无一幸免。继续战斗、突破日本军舰的围击显然已经不可能，管带林国祥被迫下令转舵向海岸方向撤退，在朝鲜十八岛附近搁浅，林国祥为避免军舰落入日本资敌，下令凿坏锅炉，破坏了舰船武备弹药，将"广乙"焚毁，率残兵七十余人登岸，"广乙"舰也因此成为了为甲午战争中中方损失的第一艘战舰。可气的是，在后来方伯谦的作战报告中，竟然说开战后"'广乙'早早就逃跑了"，如此颠倒黑白，篡改事实，令人愤怒。

在"济远"逃离战场的过程中，运兵船"高升"和运输舰"操江"误入战场，与"济远"迎面驶过。当看见前方驶来的运兵船"高升"时，方伯谦已经完全忘记了自己此行的使命，将全无武装，满载同胞手足的运兵船抛弃在了身后。紧随"济远"之后的"浪速"很快也与"高升"相遇，"浪速"号舰长是日后日本海军大名鼎鼎的东乡平八郎，他被这艘满载中国士兵的运输船吸引，放弃继续追击"济远"，而向"高升"逼近。"高升"号被逼停之后，随即被日舰要求"将商船带赴本队，向司令长官报告"，船长高惠悌相信日本军舰不敢对"高升"号这艘英国商船只作出过分的举动，对日方的无理要求也提出抗议，但却滑头地表示"如果你命令，我没有别的选择余地"。然而，"高升"号一千余名中国陆军官兵得到船长意欲屈服于日军的消息后，顿时激动起来，纷纷表示坚决拒绝。将官们立刻召集军官会议，言明绝不屈服，"我辈同舟共命，不可为日兵辱"，

"我辈自请杀敌而来，岂可贪生畏死？吾家世受国恩，今日之事，有死而已"……在这危急关头，全船上下官兵一致，视死如归也誓要抗争到底，绝不辱没军人的本色，不负国人之操守。其他官兵也纷纷响应，一面看守住操舵室，一面要求船长立刻将绝不屈服的信息传达给日本军舰。

船上还有一位特殊客人，他叫汉纳根，是李鸿章的军事顾问。受船上气氛的影响，他也加入了劝说船长的行列。可是东乡平八郎显然对漫长的谈判失去了耐心，决意将"高升"号击沉。他一声令下，舷侧火炮一起发射。刹那间，"高升"号的锅炉被击中，爆炸声惊天动地，船身立刻下沉，空气中弥漫着炉灰和蒸汽，整个海面如同炼狱一般。面对强敌，"高升"号上的中国陆军士兵们没有其他武器，只有握着手中的步枪进行不屈的还击，直至船体完全沉入大海。丧心病狂的日舰在击沉"高升"号后，还疯狂射杀活着的漂浮在海面上的中国士兵，"高升"搭载的中国士兵原有1146名，仅200余人得以生还。船长高惠悌被日本舢板救起，而德国人汉纳根则和很多士兵一起泅水到荒岛上，后被附近的西方军舰救起。

"高升"号被野蛮击沉的同时，"操江"被"秋津洲"舰追上，管带王永发惊慌得没有任何主张，下令降旗投降。舰上携带的密码本和重要文件虽然已经焚毁，但20万两饷银却落入了日本人之手。被俘的中国"操江"舰官兵抵港之时，"船近码头即放汽钟、摇铃、吹号筒，使该处居民尽来观看"，中国官兵被

左宝贵

迫列队穿越大街小巷，在日本百姓的嘲笑和辱骂中默默行进，受尽了屈辱和压迫。

　　丰岛海战就这样以中国军队的惨败而告终，穿过历史的硝烟，我们看到了那些不屈于外寇侵略的爱国军士，他们战斗到了人生的最后一刻，不辱军人之使命和本色，同时也看到了贪生怕死意志薄弱之徒的丑恶嘴脸。丰岛一役，北洋水师内部的种种弊端已暴露无遗，世人也更加看清了清政府的落后与腐朽，大清朝正一步步走向衰败，这也为日后黄海海战中北洋水师的覆灭埋下了一个深沉的伏笔。

平壤之战

"方当转战无前，大军云集；何意出师未捷，上将星沉。"这是光绪帝为在平壤之战中壮烈牺牲的将领左宝贵所写的祭文。左宝贵是甲午中日战争战场上牺牲的第一位高级将领，与邓世昌并称"双忠"。

7月15日，清廷鉴于朝鲜形势严峻，令李鸿章向朝鲜增兵。7月20日，左宝贵率军由奉天出发，29日到达九连城，他以平壤米价较廉，将饷银全行解去，想用钱在当地购入米粮，保证军粮供应。他又派人回奉天取回冬季衣物，以安定军心，并作持久战的准备。1894年8月6日，左宝贵率军抵达平壤。与左宝贵同时奉旨到平壤的还有毅军马玉昆部，盛军卫汝贵部以及丰升阿所部奉天练军盛字营、吉林练军等四支部队，计29营13000余人，史称四大军入朝。

这时，中日两国政府已于8月1日同时向对方宣战，甲午战争正式开始。

四大军入朝后，清廷内部在攻守问题上发生严重分歧，光绪帝谕令入朝各军"星夜前进，直抵汉城"，"迅图进剿，先发制人"；李鸿章却主张"先定守局，再图进取"，若进攻汉城，"必须添卒3万人，步步稳慎，乃可图功"。

在攻守问题上，左宝贵坚决主张主动进攻。8月初，他曾与众将商议南下进剿，以便与先期进驻牙山的叶志超、聂士成部南北配合，夹击日军。但是他马上接到盛宣怀电报，得知牙山叶志超部已于成欢战败，北退平壤。由于南北夹击之势已失，南进之议只得作罢。8月下旬，叶志超率残部到达平壤，他把战败说成战胜，虚报战功，被任命为驻平壤诸军总统。败将升官，"一军皆惊"。叶志超为人庸劣无能，怯懦畏敌，毫无抗敌决心，对平壤战守漫无布置，诸将不服调遣。这样，夙伏威望的左宝贵成为了实际上的平壤诸军总统。

日军向平壤的进攻分为四路，采取分进合击、四面包围的战术：由大岛义昌少将率领3600人，从汉城到平壤，到达平壤大同江南岸，以牵制、吸引清军，便利其他部队由平壤左翼、右翼以及背后进行包围攻击。第五师团团长野津道率领5400人自汉城发兵，进攻平壤西南面。由陆军少将立见尚文率领的第十旅团绕攻平壤东北。由日本海运至朝鲜登陆的日军，称元山支队，与朔宁支队会合，共同担当平壤北面的攻击。

这是一场清军占据优势的大战。首先是地形优势，平壤山环水抱，城墙高大坚固，地势险要，易守难攻。其次清军兵员、武器、粮食都很充足，足以以逸待劳，击退来犯之敌。另外，朝鲜官民也大力支持清军，清军所到之处朝鲜人民都送水送食物，络绎不绝。反观日军，并不得朝鲜人民的心意，被日本人强征来的朝鲜人在服役途中逃窜的比比皆是，在途中还会受到朝鲜人的偷袭。

遗憾的是，即使清军有这些优势，并未主动进击，扭转战局。特别是清军军纪败坏，令原本盛情欢迎的朝鲜民众寒心。

当日军向平壤进发时，清军并无积极措施，8月31日，叶志超电告李鸿章，主张秋收后士兵全力进军，李鸿章竟然不以为然。直到日军向平壤扑来，李鸿章才意识到事态的严重性，急电叶志超。叶志超命各军加强派哨，探敌行踪。9月6日，左宝贵派奉军哨官傅殿魁率骑兵一哨出探，进至黄州东5里时，与日军遭遇，双方交火后，骑兵因为敌我悬殊太大，即撤队回营报告。

当天，叶志超获悉日军大队即将攻来，边召集将领带兵合计7000余人，于9月7日晨渡江至中和郡迎击日军，在中和郡，清军因为夜黑看不清，竟然自相残杀，死20多人，伤100余人。叶志超于是决定把军队调回平壤，军队在平壤城里龟缩不出，日军利用这个机会顺利完成了对平壤城的包围。

9月13日，四路日军均已逼近平壤，14日清晨两个支队一齐发起攻击，攻占山顶清军壁垒数座。左宝贵亲自督战。当晚，叶志超见城北的形势危急，主张弃城逃跑。他说敌人乘胜追击，锋芒正锐，我们清军弹药不全，对地势不熟悉，不如先将队伍撤退，养精蓄锐，以后再与日军决战。当时各个将领都同意，只有左宝贵痛斥说："敌人长驱直入，正好痛击敌军，使他不敢再有非分之想。并且朝廷每年花费在买兵器、养军兵上面的金钱有数十万。今天如果不与日军战争就撤退，我们怎么能有脸面面对朝鲜，报效国家呢？"左宝贵恳请叶志超一起同心协力，与日军战斗。没想到叶志超不为所动，左宝贵于是派人监视叶志超，防止他逃跑，主帅失去作用，清军在这之后可以说是各自为战，这也为清军后来的失败埋下伏笔。

在9月15日这天早上，日军按照计划发动总攻。战役在三个战场展开：其一为大同江南岸战场，又被叫作船桥里战场；其二为玄武门外战场；其三为城西南战场。

首先是船桥里战场，9月13日凌晨3时，大岛义昌指挥日军分左、中、右三路向大同江南岸的清军发起进攻。马玉昆指挥的守垒的清军立即进行自卫还击，大同江北岸的清军大炮也隔江遥击，炮火极为激烈。日军的进攻部队暴露在垒前开阔地面，毫无掩蔽，伤亡惨重。在双方的步兵进行激烈地交战的同时，两岸炮兵也展开激烈的炮战。对射不久，日军的炮兵中队山本大尉以下的二十四名被杀伤。清军派出增援部队，补充了弹药，士气大增，火力越来越强。而日军自凌晨0时出发，战斗已超过半日，没有进食，没有饮水，士兵疲惫不堪，弹药也即将用尽，已经无力再战。下午1点钟，大岛义昌只能下令撤退。午后2时，日军全部狼狈退离战场。大同江南岸战斗被评价为清军在"甲午战争的陆战中打得最好的一次战斗"，日本人也因此作诗哀叹道："此役不克旗下死，呜呼苦战船桥里"。

第二次是玄武门战斗。守卫平壤的清军在玄武门外筑垒五处，分两重。内重牡丹台，牡丹台外重自东北向西北方向构筑外垒四处。15日凌晨5时5分开始，日本元山支队集中炮火向牡丹台外侧西北方两个堡垒发起了猛烈炮击，以掩护步兵冲锋。守卫堡垒的清军进行了顽强抵抗，日军在军官的督战下，拼死突进。6时20分左右，战斗益趋激烈，元山支队为了打开突破口，集中全部炮火向西北最外一垒猛轰。堡垒被毁，守垒的清军被迫于6时50分撤退，不久，第二垒也在日军炮火的攻击下失守。7时15分元山支队占领西北方向二垒以后，按照既定部署直达牡丹台下。

在元山支队占领西北二垒的同时，朔宁支队也向牡丹台外东北方向的两个清军堡垒发起进攻。日军首先以两个中队的兵力向最东北外侧的堡垒发起猛冲，战至7时半左右，清军不支弃守，这样余下的最后一个堡垒便处于孤立无援的境地。清军一直坚持到8点钟才最后撤出堡垒，至此，从外侧掩护牡丹台的清军四处堡垒，全部落入日军之手。日军元山支队与朔宁支队会合，从东、北、西三个方向包抄牡丹台。牡丹台是平壤玄武门外的一个制高点，牡丹台失守则全城将遭到威胁。日军早已注目此地，企图一举攻占。因此，日军在占领外围堡垒后，立即立炮于垒上，用排炮集中向牡丹台守军轰发。

驻守牡丹台的是左宝贵。守军在左宝贵的指挥下，用速射炮向进攻的敌人的步兵迅猛还击，日军步兵在清军强大炮火的攻击下，伤亡惨重，无法前进。日军集中全部炮火对着牡丹台垒轰炸。牡丹台的堡垒被毁，速射炮也被击坏，士兵伤亡惨重。日军趁势发起冲锋，在日军步炮夹攻下，牡丹台垒最终陷落。

这个时候，左宝贵在玄武门指挥作战，他看见牡丹台失守，知道大势已去，然而面对蜂拥而至的日军，左宝贵毫无惧色，满眼怒火，身穿黄马褂登上城墙亲自督战。营官杨建胜看见城上危险，想要拉着宝贵下城墙避一下，并劝他换掉黄马褂，以免引起日军注意。左宝贵大声喝道："我穿着朝服黄马褂是为了让士兵知道我身先士卒，随时准备为国而死。日本人注意到我又怎么样？我有什么好怕的？"

随着城头上越来越多的奉军官兵倒下，行动不便的左宝贵竟亲自操纵一门加特林机关炮，向日军扫射，部下感到振奋，拼死抗敌，给敌人造成重大的伤亡。交战正酣的时候，一个炮弹飞来，将清军的火炮击碎，弹片直接插到左宝贵的肋骨下面。左宝贵负伤不退，将伤口裹紧，继续督战，"军门身强胆壮，犹勉力持撑"。不久，又一弹飞至，左宝贵中弹扑地，弹片已经洞穿了他的身体。左宝贵的意识虽然模糊，但是情绪激昂，将士们将他抬下城墙，左宝贵已经闭上了他那不甘的眼睛。

随后的战斗成了彻底的混战，兵力单薄的奉军将士依托城墙，坚决死守。日军正面强攻不下，改派士兵冒险攀越城墙，从城内打开了玄武门，随着日军如潮水般涌入，平壤北门失守。当时，叶志超听闻北门吃紧，匆匆派盛军一部赶往支援，但等援军到时，大势已去。

乱军中营官杨建胜和几名士兵想把左宝贵的遗体带回祖国，"欲自北门出，而贼兵已入城，塞满街巷，杨某亦死乱军中矣"。左宝贵和他的奉军就这样陨落在异国的土地上。

后来占领平壤城的日军在清理战场时，发现了左宝贵的遗体，出于对这位勇敢捐躯军人的尊敬，日军在平壤以军礼厚葬。

左宝贵阵亡后，清廷为之哀叹，光绪帝御制祭文："方当转战无前，大军云集，何意出师未捷，上将星沉。喑呜之壮气未消，仓猝而雄躯遽殉。"大战刚起，勇将捐躯，这样的消息简直犹如一道晴天霹雳，加之很快传来的平壤溃败，都以血淋淋的事实，对中国陆军的作战能力拉响了凄厉的警报。

牡丹台、玄武门的失守和左宝贵的阵亡，使清军主帅叶志超吓破了胆，他与众将商议，决定弃城逃走。1894年9月15日夜8点，清军开始撤退。至9月24日，清军全部退过鸭绿江，日军完全控制了朝鲜半岛。

整个平壤之战持续时间很短，以清军大败告终，清军死亡近2000人，被俘数百人，而日军仅以伤亡700人左右的代价夺取了朝鲜北部重镇平壤。

第四章　血战黄海

北洋舰队

古语云："知己知彼才能百战不殆。"北洋舰队在当时堪称世界第八、亚洲第一的海军舰队，但丰岛海战等战役的失败，使得李鸿章和北洋舰队受到众人诟病。到底北洋舰队的实力如何？是真的如同其地位一样的显赫还是虚有其名、不堪一击？

其实评价一支舰队的战斗力主要有四点：吨位、装甲、航速、火力。在黄海决战中，北洋舰队和日本联合舰队这四个指标到底如何？实力孰强孰弱？

第一方面：吨位。军舰的吨位就类似于人的体重，越重的人底盘越稳，也越不容易被扳倒，所以吨位就相当于军舰的"重"实力，吨位越大，军舰实力也就越强。

北洋舰队的10艘军舰，7000吨级以上的有2艘，2000吨级以上的有5艘，1000吨级以上的有3艘；而日本的联合舰队一共

12艘军舰，4000吨级以上的4艘（不包括代用巡洋舰西京丸），3000吨级以上的4艘，2000吨级以上的2艘，1000吨级以上的1艘。联合舰队吨位较为平均，而北洋舰队虽有重舰却吨位分布比较分散。

如果从总吨位来看，联合舰队的总吨位是40849吨，北洋舰队是31366吨，如此看来是联合舰队更占优势。但是联合舰队比北洋舰队多两艘军舰，且北洋舰队有两名7000吨以上的"重量级选手"，所以相比而言，联合舰队在吨位这一项上仅是小胜。

第二方面：装甲。军舰不仅仅有攻击能力，在遇到敌方攻击的时候也要有防御的能力，所以装甲就相当于军舰的防弹衣，可见装甲是军舰的"软"实力。

军舰的装甲分为铁甲舰、半铁甲舰、非铁甲舰。北洋舰队有4艘铁甲舰，最厚的是两艘一等铁甲舰——"定远"和"镇远"，其次是"经远"和"来远"；还有4艘半铁甲舰，其中邓世昌所在的"致远"舰是巡洋舰，也可算作半铁甲舰；而"超勇""扬威"和"光甲"是非铁甲舰。而联合舰队只有1艘铁甲舰，2艘半铁甲舰，6艘勉强算得上是半铁甲舰，2艘非铁甲舰。

如此对比看来，北洋舰队在装甲上胜于日本的联合舰队，抗打击能力要比联合舰队强。

第三方面：航速。对于军舰而言，航速意味着可变性和机动性，一旦军舰遇到危险，可以通过控制航速来尽快调整战略。

整体上来看，北洋舰队的平均航速为15.5节，联合舰队的平均航速为16.8节。从分布来看，北洋舰队除了两艘军舰航速在18节之外，其余的都在15节，而联合舰队有5艘在18节以上，3艘在19节以上，"吉野"舰更是在22.5节。

从总马力来看，航速和马力成正比，联合舰队的总马力是73300匹，北洋舰队的总马力只有46200匹。

所以，日本联合舰队在航速上要大大优于北洋舰队。

第四方面：火力。这可是两方舰队对比的重中之重，也是决战的关键因素，这就相当武器的攻击力，也是军舰的绝对"硬"实力。

而火力的实力强弱也是由三个方面所决定：一是口径大小，二是发射速度，三是爆炸威力。

口径越大，火炮的威力越强。根据口径大小，又分为重炮、中炮、轻炮。北洋舰队的重炮是联合舰队的两倍，特别是300毫米以上的，北洋舰队有8门，联合舰队有3门。两方在重炮上差距不大，而联合舰队的轻炮有96门，而北洋舰队却一门轻炮也没有。

在发射速度方面，联合舰队的特点是炮多、炮小、炮快，而北洋舰队则是炮少、炮大、炮慢。

李鸿章明白，重炮威力大，但是射速慢、命中率低，而轻炮发射起来就容易很多，特别是速射炮，虽然穿透力有限，但是"群起而攻之"的效力不比重炮威力小到哪里去。

那为何北洋舰队的军舰不卸下重炮，安上大量速射炮？除了历史原因之外，有人为的原因。

1894年3月31日，李鸿章专门写奏折"海军拟购新式快炮折"呈给朝廷。其中奏折里就点出了"定远"和"镇远"炮位陈旧过时，"济远"炮位少，"经远"和"来远"没有舰炮，"威远"炮位损坏，所以希望能够购进一批速射炮。这样不仅可以拥有重量级的重炮，又能保证有大量速射炮，这样北洋舰队的火力就大大地增强了。

可是朝廷却不以为然，这个购炮方案遭到了朝廷的无视和反对，竟然只批了五个字：该衙门知道。这明摆着说：我知道了，至于批钱买炮，以后再议。李鸿章傻眼。

难道是朝廷没钱？李鸿章在奏折里说，不需要朝廷拨钱，他自己从北洋经费里想办法，且这点装备与其他大量开销相比并不算多。正是因为舍不得花这点钱，加之见识短浅，清政府在签订《马关条约》后付出了2亿两白银的惨痛代价。

所以说在火力方面，两方各有优势，联合舰队的优势略强一些，孰强孰弱还得在战争中分析。

刚才说的四个方面是舰队硬件设施，而其软件有时也会对战争的成败产生着决定性影响，所谓的软件就是官兵战斗素质。那两方官兵战斗素质如何呢？

军舰的高级指挥官，联合舰队叫舰长，北洋舰队叫管带。北洋舰队的管带几乎全为福州船政学堂毕业，并大部分曾到英国海军学院留学实习。舰队内一直也有外国人担任军官作技术专家及指导。而日本联合舰队的舰长也大抵相同，经验和学识相当丰富。

军舰的中下级指挥官，日本联合舰队和北洋舰队都差不多，他们都是留学生和海军学校的毕业学生，都是专门培养的，自下而上的提拔基本上没有。

水手和士兵，日本联合舰队的水手和士兵是志愿兵或者义务兵，义务兵只有4年的兵役，所以难以留住真正优秀的人才。北洋舰队的水手和士兵是招募进来的，有着严格的选拔考核制度和奖惩制度，所以整体素质要比日本的联合舰队要高。"致远"的水兵招募自山东荣成、蓬莱一带沿海的水兵，经历了严格的西化训练，在甲午战争中表现出了比他们的陆军同行高得多的战斗素养。

在官兵磨合方面，北洋舰队占有绝对的优势。因为北洋舰队成军早，加之官兵素质高，所以官兵之间磨合相对成熟到位，相反地，联合舰队成军晚，留给他们的磨合时间自然少。

如此看来，北洋舰队在"软"实力上占尽了优势，其实不然，关键的一点就是两个舰队的总司令。

北洋舰队的总司令是丁汝昌，初建北洋舰队之时他被李鸿章从骑兵司令调为海军司令。丁汝昌早年参加太平军，当太平军大势已去的时候，被迫随队叛投曾国藩的湘军，不久改隶属于淮军，参与对太平军和捻军作战，官至记名提督。1879年，李鸿章上奏朝廷将丁汝昌留在北洋，负责督操北洋炮艇，随后的1881年，率邓世昌等北洋水师官兵200余人赴英国，接带"超勇"和"扬威"巡洋舰回国，并在李鸿章的推荐下，上任北洋海军统领。

当时在北洋舰队像刘步蟾和林泰曾等都是优秀的学员，十分专业，李鸿章为何不用这些专业的人员，而是选择了对海军完全没有经验的丁汝昌？那是因为李鸿章和丁汝昌算得上是旧相识，加之丁为人忠厚，能对李鸿章言听计从，死心塌地，所以李鸿章毫不犹豫地推举了丁汝昌。丁汝昌在任期间，对北洋海军和北洋海防的建设呕心沥血，严于律己，但是整肃军纪不够严格。从骑兵到水军，在专业方面就不比科班出身的人，虽然后来丁汝昌好学低调，但是依然使得北洋舰队在总的领导方面大打折扣。

联合舰队的总司令是伊东祐亨，他比丁汝昌小7岁，从小对海军就感兴趣，毕业于海军学校，1886年被封为海军少将，并就任海军学校的校长。他在参观了"定远"舰后感慨道："如果现在和清国开战，没有胜利的可能，只要'定远'和'镇远'两舰就能把全部常备舰队送入海底。"这段论述足以看出伊东祐亨在海军作战方面的经验。

从上面可以看出，北洋舰队是兵强将弱，联合舰队是将强兵普通，这样看来，北洋舰队的优势就没有那么明显了。这些也影响了中日两国的作战策略，从而影响了黄海海战的结局。

通过以上的比较，中方北洋舰队和日方联合舰队的"胜负"情况显而易见：吨位——联合舰队小胜；装甲——北洋舰队胜；航速——联合舰队胜；火力——联合舰队小胜；官兵素质——两方各有优劣。总体上说来，联合舰队的优势略微大一些，但是两支舰队的实力也算得上是旗鼓相当。可是从一个宏观的视野来看，北洋舰队的军舰属于参差不齐、两极分化严重的类型，而联合舰队则属于势均力敌、比较平均的类型。

从数据上来看，联合舰队的优势并不是很明显，而且北洋舰队强有力的防守以及优秀的官兵素质也并不是联合舰队容易打败的。但是在海战中有一句俗语叫"火力决定一切"，于是日本联合舰队的优势就又凸显了出来。伴随着丰岛海战的失败，北洋舰队受到了众人的质疑，而令北洋舰队和李鸿章没有想到的是，随后而来的黄海海战却让他们的信念和希望跌倒了谷底。

排兵布阵

中国对战争的排兵布阵一直十分讲究。古代中国"田忌赛马"的故事就是排兵布阵的优秀典范：田忌和齐王赛马，马匹分为上中下三等，田忌每一种类的马相对于齐王的略差些，于是孙膑就让田忌用自己的下等马去对阵齐王的上等马，用自己的上等马去对阵齐王的中等马，用自己的中等马去对阵齐王的下等马，这样虽然输了第一场比赛，但后面两场比赛均可以获胜，正是这样，田忌赢得了赛马比赛。正是由于孙膑排兵布阵得当，使得实力不占优势的田忌最终获胜。

通过上面所分析的北洋舰队和联合舰队的实力对比，两者虽有差距但不相上下，战争的关键还得要看双方的排兵布阵，那么究竟北洋舰队丁汝昌是如何排兵布阵的呢？

丁汝昌这次战争几乎用上了自己的全部"家当"——18艘军舰。其中战舰12艘：定远、镇远、济远、经远、来远、致远、靖远、平远、超勇、扬威、广甲、广丙。蚊子船2艘：镇南、镇中。鱼雷艇4艘：福龙、左一、右二、右三。

丁汝昌做出了如下安排：吃水浅的蚊子船和4艘鱼雷艇护送运兵船进入鸭绿江江口，"平远"和"广丙"在鸭绿江江口外警戒，剩下的10艘军舰停在距离江口12海里处掩护大军登陆，保证登陆部队的安全。

海战和一般的战争一样，刚开始原始的战争是乱打一气，没有章法，后来慢慢形成了章法，成为了战术。海战刚开始称之为乱战，开着军舰朝前走，见谁打谁，后来慢慢形成了战术章法，而且越来越讲究排兵布阵，其排兵布阵直接影响到战争的胜负。

基本的海战阵法大约有10种：鱼贯阵、雁行阵、虾须阵、剪燕阵、蛇蜕阵、鹰扬阵、丛林阵、掎角阵、互易阵、波纹阵。当然，海战的阵法不止这些，从这10种基本阵法中可以演绎出很多种新的阵法，所以说海战的阵法是千变万化。在这10

种基本阵法里面鱼贯阵和雁行阵是最基本的两种阵法，变化在这几种阵法里也是最多的，各有6种变式。

赵括纸上谈兵，对军事理论侃侃而谈却不加以实际应用，当他取代实践经验丰富的廉颇迎战秦国，只是照搬兵书，而不考虑实际情况，空有理论不去实践，所以失败是在所难免的。海战也是相同的道理，优秀的军事理论家和优秀的军事指挥官是两码事。丁汝昌面临着同样的状况，之前所看的理论教材他虽然都记得清清楚楚，但是实践经验欠缺的他还是难以驾驭。然而作为总司令的丁汝昌还是得拿主意，统领全队。

于是丁汝昌下令，采用夹缝鱼贯小队阵形迎战敌人。所谓鱼贯，就是像鱼儿游动一样，一条排着一条，成为一个纵队；那什么是鱼贯小队？就是把一个纵队变成两个纵队，军舰排成两纵排前进；夹缝的意思就是指两排军舰不是并排走，而是一前一后错开一段距离，形成一个夹缝，这样排列的就叫作夹缝鱼贯小队阵形。北洋舰队的10艘军舰两两一组，正好组成5小队，走在最前面的是小队旗舰，走在最后面的是小队僚舰。一个小队两艘军舰前面稍微错开，为的是尽量避免误伤己方，获得更大的射击扇面。10艘军舰的排列次序如下所示：

第一队：定远、镇远

第二队：致远、靖远

第三队：来远、经远

第四队：济远、广甲

第五队：超勇、扬威

一般打仗的时候，最好的兵力要放到最前面，以便振奋士气、先声夺人。所以刘步蟾管带的"定远"、林泰曾管带的"镇远"两艘最强战舰打了头阵。而邓世昌所在的"致远"则位于第二梯队上。伴随着丁汝昌一声令下，10艘战舰迅速调整队形，按照夹缝鱼贯小队马上进行组合，就连老舰"超勇"和"扬威"也不甘示弱。丁汝昌带着战舰向敌方发起进攻。

可是突然丁汝昌又下令把夹缝鱼贯小队变成夹缝雁行小队。所谓的夹缝雁行小队就是像大雁飞行那样，为了利用集体气流，而形成一个扁长的人字形，原有的夹缝和小队都不变，还依然是两队交错，但是由鱼贯式的两纵排变为雁行式的人字横阵。

变为夹缝雁行小队之后，"定远"和"镇远"相当于头阵和领队，剩下的4个小队，左右需要各排2个小队。如此一来，左边第一队是"致远"和"靖远"，第二队是"济远"和"广甲"；右边第一队是"来远"和"经远"，第二队是"超勇"和"扬威"。

队伍的变化让官兵们感到疑惑，到底发生了什么让丁汝昌变队？官兵们不得而知。如此变队之后会对北洋舰队的黄海之战产生什么影响？

布阵的目的是消灭敌人，所以说对于海军来说，北洋舰队需要尽量击毁敌方战舰，又要保证自己不被敌方击沉，既需要提高命中率，又需要降低受弹率。北洋舰队的优势是重炮，要尽可能地发挥重炮的优势，必须要将船首向着敌方，因为重炮往往都安在船的首部。如果要船首向敌的话，横向的选择是再好不过的了。变成横队之后，北洋舰队可以增加射程、扩大视野，以免伤到自己人。

军舰的横侧面因为长，如果横侧面向敌的话受弹率高，相反，竖直面向敌的话受弹率低。而上面所说的船首向敌就是竖直面向敌。

日本联合舰队采用的是鱼贯单纵队形，也就是一艘接着一艘成一纵队排开。之所以采取这样的阵形，伊东祐亨也是根据日本联合舰队的特点制定的。联合舰队的优势是射速炮多，而射速炮安装在船两侧，如果排成横队的话优势难以发挥还易伤到自己人。伊东祐亨采用的车轮战法，打算对北洋舰队采取重复打击的方式。但是同样的，联合舰队这样的排兵布阵使得他们的受弹率达到了最高，也就是军舰的横侧面直接对着北洋舰队的炮口，但是借助其速度快、间隔短的优势，伊东祐亨还是坚持这一阵形。

丁汝昌正是因为看到日本联合舰队这样的阵形，才下令让北洋舰队变换队形的。这样的队形变换无疑是有利于北洋舰队的，但是丁汝昌输就输在理论和实践的差异之上。理论看似行得通，但是相比于联合舰队，北洋舰队的航速相对较慢，这要是在平时演习时，肯定是没问题，但是这毕竟是正式作战不是演习，敌人不会等你停好位置再打，这是一个边走边打的动态过程，正是因为航速慢、边冲锋边变队，所以导致北洋舰队最终没有变成理想的夹缝雁行小队的陈形，而是变成了一个狭长的人字陈形，有点像燕子的尾巴或者剪刀，所以也叫做燕剪阵。丁汝昌的命令打了折扣，燕剪阵看似和原本的夹缝雁行小队很像，只不过是拉长了而已，但是就是这个细微的差异对后来的战事带来了重要影响。

在将夹缝鱼贯小队变为夹缝雁行小队的过程中，丁汝昌还下达了三条具体作战指令：第一，舰型同一诸舰，需协同作战，互相援助；第二，始终以船首向敌，借以保持其位置为基本战术；第三，诸舰务于可能范围之内，随同旗舰运动之。这三条指令看似正常，却实有不妥之处。

北洋舰队有一个特色，那就是姊妹舰，而这次的排兵布阵也正是把舰型相同的姊妹舰放在一组。在第一条中，丁汝昌原本的意思是要同一队两方协同作战，这本是无错，但是在第四组中"济远"和"广甲"并不是姊妹舰，丁汝昌没有安排"平远"而是"广甲"和"济远"合作，这一点很奇怪。

第三条中，丁汝昌强调整体作战，也就是舰队是一个整体，强调配合和协同，但是在实际作战过程中，有很多不可测的问题，如果太强调协同而忽略个体的应变，就可能铸成大错。而丁汝昌对战一开始就被敌方炮弹炸伤，失去了指挥作战的能力。

　　1894年9月17日12点50分，黄海海战打响了第一炮，正常的作战，都会发挥自己的优势，挑出对手的薄弱环节来打，如何安排战术成为各方将领的能力。根据上面的丁汝昌的排兵布阵，北洋舰队采取的是人字形的阵势，中间的"定远"和"镇远"最强，左翼的"广甲"和"济远"、右翼的"超勇"和"扬威"最弱。因为距离最远，航速慢，"超勇"和"扬威"被落在后面，已经被第一梯队划出了圈外，就这样，"超勇"和"扬威"成为了日本联合舰队的攻打的主要目标。

　　日本联合舰队方面，伊东祐亨制定的战术类似于之前所提到的田忌赛马。即把慢舰留下，与北洋舰队的主要强有力的兵力战斗，分散注意力，而把日本联合舰队的航速优势舰——快舰，用来攻击北洋舰队最薄弱的左右两翼，然后突破绕到北洋舰队的后面，对北洋舰队的主力进行前后夹击。这个战略虽然在中途遇到了困难，但是北洋舰队仍然在下午3点左右被联合舰队围攻。

　　从排兵布阵和战术战略上看，丁汝昌所做并无什么不妥，勉强及格。但是理论和实践毕竟有所出入，再好的军事理论家面对突发的状况也会束手无策，再加之北洋舰队的运气实在不好，总司令在战争刚开始就挂了彩，中间有几次可以扳回打沉日本军舰的时候，均出现了问题，被日本战舰逮住机会落荒而逃。就这样，"定远""镇远"被日本联合舰队所包围，"定远"

面临着被击沉的危险。

有人曾经评价，说北洋舰队和联合舰队不相上下，打了个平手，只是北洋舰队运气差些，才最终失败，日本也并非全身而退。但是从史实看来，北洋舰队4艘被打沉、1艘搁浅、2艘逃跑、其余身负重伤，而日本联合舰队3艘逃跑、1艘重伤、却没有被打沉一艘。虽然说日本没被打沉是运气好了点，但是也不能否认北洋海军和日本海军实力的差距。

大东沟海战

丰岛海战失利，驻扎朝鲜牙山的叶志超军深感情势紧迫，向李鸿章请求速派大军增援。9月16日天还没亮，北洋水师提督丁汝昌率领"定远""镇远""来远""靖远""济远""平远""经远""致远""扬威""超勇""广甲""广丙""镇中""镇南"14艘战舰和鱼雷艇4艘，护送提督刘盛休铭字军4000人和辎重武器赶赴平壤增援。清军乘坐"利运""新裕""图南""镇东""海定"和美国商船哥伦比亚号从大连湾出航，当日午后舰队到达大东沟湾。"镇中""镇南""平远""广丙"4舰和鱼雷艇4艘，奉命护卫和协助运输船进入鸭绿江口，再换乘吃水浅的木船登陆。下午2时，清军在大东沟开始换船登陆，庞大的兵马辎重仅凭数十艘木船，在相距数海里的朝鲜义州之间往返摆渡，登陆之困难难以想象，现场人声鼎沸而混乱，景象壮观。北洋舰队其余战舰驶离大东沟约12海里的海面上投锚警戒，提督丁汝昌心情沉重，担心日本舰队此时来袭。

就在增援平壤的援军繁忙登陆作业时，15日的平壤战斗已经结束，叶志超败军正势如潮水般地向清国满洲一线溃逃。16日，登岸作业通宵达旦，已是人困马乏，只有近半兵马登上义州港，大部队只得于17日早晨继续登陆。

17日清晨4时30分，停泊在大东沟口外的北洋舰队例行作息鸣钟起床，上午各舰如往常一样进行战术操练。旗舰"定远"上各将领聚在餐厅内神情凝重，为陆军大队登陆作业担心。清日开战以来，舰队要求增加提供榴霰炮弹的请求至今没有结果，而舰队动力使用的煤炭都是朝廷调拨的劣质煤，热效转换率低，煤烟浓厚，极容易被远方的敌舰发现。炮弹不足和煤炭质劣着实令人烦恼。正在北洋舰队焦虑不安时，寻找清舰的日本联合舰队已经驶入大东沟附近海域，提前一个半小时发现了北洋舰队的煤烟，舰队即刻投入判读和备战态势。直到中午12时，北洋舰队瞭望哨才发出警报，报告南面方向发现可疑舰船煤烟群，提督丁汝昌、管带刘步蟾、德国军事顾问汉纳根急入舰桥，瞭望结果判定来舰必是日本舰队。丁汝昌心烦意乱，大东沟登陆部队尚在作业之中，一旦被日军发现，后果不堪设想，必须尽快迎敌作战阻止日舰，当即下令舰队立即拔锚起航迎敌。

12时50分两舰队迎面接近，当两舰队相距5700米时，旗舰"定远"的30厘米巨炮向日舰第一游击队先行发炮，炮弹在

"吉野"左舷数百米处爆炸腾起巨大水柱，北洋舰队诸舰随后也相继向敌舰开火。日本舰队装备的速射炮存在射程短的弱点只有在3000米距离时才能发挥最佳射击效果。日舰将航速提升到14节屏息急进，忍耐着清朝单方炮火的攻击。当两舰队间距离缩小至3000米左右时，日舰急不可待，向清舰发起猛烈炮击，黄海海战开始。

丁汝昌命令将舰队由双纵阵改为横阵，由于向两翼展开需要时间，不待队形完备，旗舰"定远"的管带刘步蟾便擅自下令发动攻击，此时，距离敌阵还有5300米，北洋舰队仅形成了较为散乱的人字形阵形，完全未处于有效的对阵状态。刘步蟾此炮将其紧张的心情暴露无遗，相比较日军在北洋水师发炮后，继续挺进达三分钟之久，直至距离3500米时，才在有利陈形的条件下开炮还击的举动，或许第一炮就已经暗示了战争的胜负。

开始战斗伊始，日本舰队集中火力攻击北洋旗舰"定远"，甫一开炮便收到意想不到的效果——将"定远"望台打坏，在望台上督战的丁汝昌受到重伤。指挥舰队作战的旗语信号装置被破坏。"定远"受伤丧失了舰队的指挥功能，诸舰只能各自为战寻找可攻击的目标。战斗初期，北洋水师一时占据上风，在和日舰第一游击队的混战中，"致远""经远""来远""靖远"奋力炮击。13时8分，"超勇"舰射向"吉野"一弹，命中后甲板，引爆堆积在炮位旁的弹药，当场死伤9人，但是日舰很快稳定了攻击态势。

13时10分，"超勇""扬威"两舰中弹起火，"超勇"舰体虽已左右倾斜，但前部炮火仍发射不停。当日舰"比睿"冒险闯入北洋舰队阵中，企图抄近路与日本舰队会合时，正好与"超勇"相遇。"超勇"在烈焰升腾中也不肯放过敌舰，一面救火，一面向"比睿"发炮轰击。14时23分，终于在敌舰炮火丛集下，"超勇"沉没。管带黄建勋落水，有人抛长绳救援，黄建勋拒绝，从容赴死，舰上士兵也大部壮烈牺牲。"扬威"向大鹿岛方向遁退，触礁搁浅。"经远""来远""平远"舰先后中弹发生火灾，被迫退出战斗。

下午3时10分，日本"扶桑"舰一枚24厘米炮弹，击穿"定远"舰首无装甲防御部位，穿入舰舱内爆炸燃起凶猛大火，舱内涌入海水。危机情势之中，邓世昌的"致远"舰迅速赶来救援，在"定远"前勇敢地与敌舰炮战对抗，为"定远"扑灭大火排出浸水赢得宝贵时间。但"致远"右舷吃水线下中弹大量进水，舰体出现30度倾斜。生死的最后关头，"致远"管带邓世昌欲与敌舰冲撞，追敌途中舰体中部爆炸沉没，连带邓世昌在内240余名官兵阵亡。

黄海海战之初，"济远"舰位于舰队之后，左顾右盼。下午3时30分，"致远"舰沉没，"济远"管带方伯谦心惊胆战，命令挂出重伤信号旗逃出战场，"广甲"跟随其后逃之。"济远"的逃跑路线与丰岛海战时相同，选择浅水区路线，意图让吃水较深

邓世昌（二排左四）与北洋海军总查英国人琅威理（二排左五）以及"致远"舰军官在甲午战争前的合影

的敌舰不敢靠近。奔逃中的"济远"竟然撞上重伤的"扬威"舰，却又不管不问，仓皇离去，"扬威"最终挣扎至浅水区搁浅。因其行动困难，"扬威"被日舰轻易击沉。除被"左一"舰救起的65人之外，连管带林履中在内全部牺牲。

北洋舰队战斗力越来越单薄，敌舰的炮火集中到"经远"舰上。"经远"管带林永升与将士们英勇作战，军舰负伤后，林永升临危不惧，也鼓轮撞击日舰。不幸，"经远"舰也中鱼雷沉没，全舰270人除16人获救外，其余全部牺牲。

18时左右，中日双方舰队各自退出战场，接近5个小时的海战宣告结束。北洋水师共损失了5艘战舰，其余军舰也多有伤残，管带死亡4人，官兵死伤约800余人。日方舰队司令乘坐的旗舰"松岛""吉野""赤城""比睿""西京丸"等遭受重创,但无一当场沉没。日军死伤共300余人,舰长仅"赤城"舰坂元八郎太丧命。

第五章 碧海忠魂

视死如归

司马迁说：人固有一死，或重于泰山，或轻于鸿毛。

1894年9月17日，农历甲午年八月十八，这一天正巧是邓世昌45岁生日。

自打日本舰队在丰岛海域袭击北洋水师，致上千清兵葬身大海，邓世昌便憋了满腹火气，暗想着有朝一日非与日舰拼死一战、雪耻解恨不可。今日终得到战机，只觉得热血沸腾。

当"定远"率先向日军发炮、发出战斗的指令后，这位北洋海军中军中营副将、"致远"巡洋舰管带，即刻下达了向日舰攻击的号令，舰首的英制210毫米主炮顿时怒吼起来，一发发炮弹呼啸着飞向敌方。随着双方距离的靠近，相互炮击越来越猛烈，但邓世昌毫不畏惧，始终站在舰桥上指挥战斗。由于北洋海军舰首重炮威力强于日军，因而战斗开始后在双方的炮击中，北洋海军还是略占上风。日本海军"松岛"等军舰承受不了北洋海军猛烈的炮火，急转舵轮，往左偏驶，而后面的"比睿"等军舰因为航速慢，跟随不上，拉开了空当。邓世昌见状，迅速率舰插上，将"比睿"等舰与日舰本队切断，210毫米主炮及150毫米副炮齐发过去，打得"比睿"难以招架，官兵死的死伤的伤。偏偏雪上加霜，又有一枚"定远"发来的305毫米巨大炮弹，击中"比睿"舰尾，将它的甲板后部炸毁，并燃起大火，"比睿"慌忙挂出"本舰火灾退出战列"信号，转舵向南逃去。

"西京丸"是日本用商船改装的辅助巡洋舰，它的战斗力并不强，但它的重要性却不可忽视，因为舰上乘坐着日本海军的军令部长桦山资纪海军中将。"西京丸"后面跟着炮舰"赤城"号，主要是为"西京丸"护航。"西京丸"和"赤城"两舰原本是在本队的右侧行进的，因为当日刮的是东风，舰队浓重的煤烟飘向左侧，"西京"丸在右侧行驶有利于桦山资纪的观察。12时03分，旗舰"松岛"在响起战斗号令的同时，指令"西京丸"和"赤城"驶往舰队左侧，也就是战场的外围，以保护军令部长的安全。而随着战斗的深入，本队各舰全力以赴投入战斗，"西京丸"的安全也变得不那么有保证了。当"比睿"抵挡不住北洋舰队的炮火逃离战场，"西京丸"和"赤城"缺少了挡护，正好处在了北洋舰队"致远""来远""广甲"等舰的炮火之下，境况顿时危急。

北洋水师的"镇远"号铁甲舰

　　13时25分,"赤城"遭受了炮击,一发炮弹落在"赤城"舰桥右侧120毫米炮盾上,不但炮手宫本丈太郎、椋木繁治当场炸死,飞散的弹片还将正在舰桥里看海图的舰长坂元八郎太的头颅击穿,鲜血和脑浆喷溅而出,当场毙命。不久,"赤城"舰前部下甲板又被炮弹击中,引发前弹药库爆炸;接着一枚炮弹又在甲板上爆炸,两名炮手及一名修理员丧命。14时15分,"来远"发出的炮弹再次击中"赤城"舰桥,代理舰长佐藤铁太郎大尉被炸伤,指挥前主炮的第二分队长松冈修藏大尉不得不代理指挥。令"赤城"感到幸运的是,14时20分左右,混战中它的120毫米后主炮发出的一发炮弹击中了"来远"舰后甲板,并引发了舰上的弹药爆炸生成滚滚浓烟和火灾,"致远"和"广甲"两舰靠前援救,"赤城"趁机逃脱。

日舰"比睿""赤城"逃离战场后，挂着海军中将旗帜的"西京丸"号又成为北洋舰队的打击目标，"定远""镇远""致远"三舰一齐向"西京"丸展开炮击。"西京丸"虽是四千吨级大舰，但由于不是真正的战斗舰，没有多大反抗能力，吃了不少北洋舰队的炮弹。为了保护桦山资纪的安全，日舰"浪速"号舰长东乡平八郎不得不率舰离开第一游击队的阵形，赶来援助。14时22分，北洋舰队一发炮弹击中"西京丸"机械舱，炸毁其气压计、航海表、测量仪、蒸汽管等装备，导致其蒸汽舵轮毁坏作废，只得改用人力操舵，勉强航行。"致远"管带邓世昌命令舰首重炮瞄准射击，一弹又击中"西京丸"右舷后部水线，砸了个月牙口子，海水灌入舰内。这时停泊在大东沟口内的北洋舰队"福龙"号、"左一"号两鱼雷艇也赶来参战，"福龙"艇朝"西京丸"发射一枚鱼雷，没有击中。15时06分，"福龙"艇进攻到"西京丸"左舷四十米左右处，艇长蔡廷干下令对准目标再发射一枚，"西京丸"已是来不及避躲，眼看着遭鱼雷轰击无疑。桦山资纪吓得惊呼道："完了，我事毕矣！"身旁的官兵也都吓得变了脸色，目视着鱼雷袭来。没想到眼看着的一场灾难瞬间却又化解了，原来是距离太近，鱼雷发射到水中还没上浮到预定深度，竟然就蹭着船底过去了，而没有触发。可以说这枚鱼雷放生了"西京丸"，放生了桦山资纪，也改变了双方舰队的命运，甚至说改变了甲午海战这段历史。"西京丸"号死里逃生，向南遁去。

随着时间的推移，北洋舰队战前弹药准备不足的问题逐渐暴露出来，不得不减少开炮的数量，对日舰的威胁自然也就减轻，而日舰的炮火反倒变得凶猛。更要紧的是，由于北洋海军"定远"舰的指挥系统遭炸，基本失去了指挥全队的能力，北洋舰队处于各自为战、自顾不暇的状况，深受日本海军不断变化的战术所累，乃至被日舰本队和第一游击队形成了夹击之势，腹背受敌，形势极为不利。虽然后来停泊在大东沟港口的"平远""广丙"两舰及"福龙""左一"两艘鱼雷艇赶来参加战斗，但战局仍处于被动局面。

北洋舰队"定远""镇远"两舰，舰身的要害部位弹药库、锅炉舱、轮机舱等，都装有厚度达305至356毫米的铁甲堡，基本上能抵挡住日舰炮弹的攻击，可谓是"刀枪不入"了，这也是最令日舰头疼的事情。可是战至15时10分的时候，一枚日舰的炮弹竟然击穿"定远"舰舰体前部没有装甲保护的部位，使内舱发生火灾，整个军舰前部浓烟滚滚，火势凶猛。舰上的官兵全力灭火，攻击力大大减弱。这一情况使得日舰士气大振，看到了击溃"定远"、消灭北洋舰队的希望，于是对"定远"的攻击更加猛烈。第一游击队的"吉野"、"秋津洲"、"高千穗"围住"定远"船头，迭放火炮，步步紧逼，要致"定远"于死地。

当"定远"舰面临着危险、"镇远"舰还未出手援救之时，一艘军舰冲到了"定远"舰的前方，在黄海海面画出了一

致远舰官兵的合影

道美丽的弧线，这就是邓世昌所带领的致远舰，正是这样，黄海海域上演了悲情且壮丽的一幕。

邓世昌命令帮带大副陈金揆开足马力，驶出"定远"之前，缠住炮火最猛的日舰"高千穗"号，重炮猛击。"高千穗"吨载三千七，"致远"吨载两千三，"致远"舰虽比敌舰弱小，但威风不落，直打得"高千穗"招架不住，忙向"吉野"发信号求助。"吉野"舰吨载四千二，不但个头大，且速度甚快，舰长为大佐河原要一。河原要一见"致远"舰虽小，却威猛无比，要是不把它制服住，就难以摧毁"定远"。于是转舵移炮，朝"致远"猛烈攻打。

"致远"舰身陷重围之中，中弹累累，有不少官兵伤亡。邓世昌颅额被弹片崩伤，血流满面，有兵勇给他包扎了，要扶他进舱休息。邓世昌推开兵勇，擦一把脸面血污，已经是视死如归，他对官兵们说道："吾辈从军卫国，早置生死于度外，今日之事，有死而已！"

邓世昌继续指挥战斗。不久又一发炮弹炸于船桥，邓世昌又被震昏倒地。兵勇将他唤醒，哭求他进舱歇养。邓世昌依然不从，说道："战场之上，岂可顾及生死之事！然虽死，而海军声威弗替，是即所以报国也！"咬紧牙关挺身起来，指挥炮击敌人。

全舰官兵无不为管带邓大人豪气所动，个个舍生忘死，英勇战斗。这时"镇远"及时过来相助，牵扯了日舰炮火，只剩下吉野一舰与"致远"对攻。邓世昌知道"吉野"是日舰中最凶猛者，而且是第一游击队旗舰，指挥了丰岛海战，于是命令"致远"紧咬住"吉野"不放，坚决同它拼战。素以勇战自居的"吉野"舰长河原要一，见比自己弱小的"致远"如此勇猛，毫不避退，暗自惊讶。举起望远镜察看"致远"舰上情况，只见舰体弹痕累累，甲板上血迹斑斑，兵勇们或长辫盘头，或齿咬辫梢，或衣衫褴褛，或赤臂露背，满脸的怒恨之色，浑身的烟黑血污，个个手脚快捷，各司其事，没有一个贪生怕死的样子。他明白自己碰上了一个可怕的对手，心里生出怯意。

由于"镇远"、"致远"两舰的共同努力，为"定远"灭火及修复赢得时间，"定远"终于转危为安。与"定远"为姊妹舰的"镇远"铁甲舰，没受到太大损伤，但"致远"却因此而付出了沉重代价。

"致远"舰排水量仅为2300吨，在北洋海军主力舰队中只能算是中等水平的加护巡洋舰。由于它的加护装甲较薄，只能抵御150毫米以下火炮的打击，因而在与拥有150毫米以上乃至320毫米火炮的日军第一游击队交战中，可谓是伤痕累累。尤其它的水线以下部分没有装甲防护，被日军炮弹击穿几个洞，海水不断涌进底舱。官兵们同心协力地堵着漏洞，用抽水机排水，却仍难以控制进水，随着舱内进水量的增大，舰体开始向右舷倾斜，"致远"处于危险境地。但危险还不只这些，由于"致远"冲锋在前，一直处于激战中，弹药消耗量很大。邓世昌令帮带大副陈金揆紧追"吉野"，不要让"吉野"逃了，同时令正炮长李兰、副炮长阮山玫、陈书亲驾大炮轰击"吉野"。"吉野"一边逃一边回击，十分狼狈，正打得起劲，船上炮火戛然而止，没了声响。邓世昌吼道："为何停炮？"李兰回道："报大人，炮弹已尽。"邓世昌闻报一惊，连忙急步过来查看。就看见仍有许多炮弹堆放，怒道："你怎么说炮弹用完了？这些不是炮弹吗？"李兰答道："这些都是劣质废弹。"说完他与阮山玫、陈书等卸弹查看，只卸了十来个，里面要么是没有一物，要么填的是沙土，要么是劣质火药。还有许多炮弹尺寸与炮径不符的，这些都是废物臭弹。邓世昌看到这种情况，怒不可遏，搬起废弹抛入海中，心中悲愤。

此时210毫米主炮和150毫米副炮的弹药，除劣质无法使用的已几乎没有储存了。几门用以自卫的机关炮和四枚填装就绪的鱼雷成了"致远"的全部家当，此外再能被称作武器的，大概只有舰首水线下锐利的冲角了。

"吉野"还在疯狂地炮击着北洋战舰。邓世昌明白"吉野"舰是北洋海军的最大威胁，这艘在双方所有参战舰船中性能最优的巡洋舰，保持着好几项性能"之最"：马力最大，15968匹，北洋舰队最大马力的"定远"舰、"镇远"舰也不过

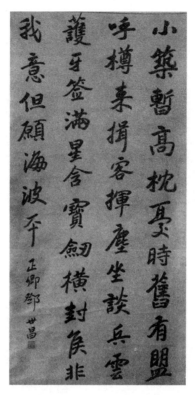

邓世昌书法。这幅书法作品是邓世昌抄录明代抗倭名将戚继光年少所作的《韬钤深处》："小筑暂高枕，忧时旧有盟。呼樽来揖客，挥麈坐谈兵。云护牙签满，星含宝剑横。封侯非我意，但愿海波平。"

6000匹，除排第二的"秋津洲"8156匹马力外，双方所有舰船的马力只有它的二分之一至十几分之一；速率最快，可达23节，北洋舰队最快的"致远"、"靖远"只有18节；火炮最多，34门，北洋舰队最多23门；鱼雷管最多，5具，北洋舰队最多4具；乘员最多，385人，北洋舰队乘员最多的"定远""镇远"

也只有331人。除4267吨的排水量抵不过"定远""镇远"两舰，其余优势集于一身。"吉野"的存在与否，是决定这场海战胜负的非常重要的因素。而"致远"则不同，马力5500匹，速率18节，火炮23门，鱼雷管4具，各种数据比之"吉野"相差甚远，在这个战场上只能算是一个性能中等的巡洋舰，况且已经是伤损严重，弹药无继，基本丧失了战斗力。但有一点是日舰万万比不了的，那就是全船官兵英勇无畏、视死如归的英雄气概和民族气节。

以身殉国

邓世昌已暗自做出了一个勇敢而悲壮的决定：牺牲自己，撞沉"吉野"，为北洋舰队清除海战中的最大障碍！邓世昌认为，只要撞沉最凶悍的"吉野"，联合舰队将会元气大伤，而北洋舰队也将扭转败局！

邓世昌并不是一时冲动。他是想用自杀式冲锋干掉对方主力队员以挽回败局。这种拼命的打法并不是一味地蛮干，在世界海战史上曾经有过成功的先例。在1866年的萨利海战中，奥地利就是用这种打法取得了胜利。

只要撞沉"吉野"，联合舰队不但实力大损，而且阵形会被冲乱。

邓世昌知道，"致远"是北洋舰队中最快的军舰之一，由于当年在英国制造时采用了特殊的设计思路，使它在实际使用中速率可在短时间内大大超越18节的标准，极限航速甚至可达23至24节，接近日舰"吉野"的最高航速。虽然已下水六七年时间，极限速率肯定达不到试航时的水准，但在敌舰毫无防备的情况下突然加速撞击，估计对方是难逃同归于尽下场的。

做好了拼死一搏的决定，邓世昌召集了大部分官兵，讲明自己的意图和这个行动的意义。他讲道，眼下我舰弹药已尽，形势危急，而"吉野"意在灭我。目前只有三个办法：一个是逃，一个是降，一个是拼。投降，那是绝不可能的，那不是我们能做出来的举动；逃跑，或许可得以生存，但这不合邓某的性格，况且"致远"逃跑了，必然会牵乱大队，以致我师溃败，所以也不能这样做；唯一可取的办法就是拼命了！倭寇丧尽天良，偷袭我"高升"号运兵船，害我八百余兄弟丧生海底，我们倘不与倭寇以死相拼，讨还血债，怎么能慰藉我死难兄弟的亡灵？哪还有颜面见江东父老？

"目下日舰至凶者，吉野也，倭舰专恃之。苟沉是船，则我军可以集事！""人谁不死，但愿死得其所耳！"……即便没有这一番慷慨激昂的言辞，"致远"的官兵也没有不服从他们发自内心敬佩的邓大人的命令的，何况面对穷凶极恶的"吉野"，中华男儿的热血早已沸腾起来。

"全力以赴，撞沉吉野！"这是邓世昌最后吼出的命令。

众官兵得令迅即归位，各司其职，誓与倭寇同归于尽。来自英国的轮机长余锡尔是一位尽职尽责的洋员，他指挥着、鼓励着轮机舱里的水兵，完成好最后的工作。主甲板上的兵勇们迎风而立，怒目而视不远处的敌舰，盼望着撞沉"吉野"的那一刻。机关炮的炮手们把最后的炮弹疯狂地射向敌人；而正炮长李兰、副炮长阮山玫、陈书跟其他炮手们，光着上身围站在心爱的主炮旁，由于缺少弹药，他们已停下了手头的工作，意念中把自己化作了愤怒的炮弹，炸向吉野。驾驶室里的帮带大副陈金揆，这位邓管带的得力助手，手把舵轮，注目前方，对准"吉野"径扑而去，"致远"如下山猛虎，疾速冲向"吉野"，舰后催起雪浪翻飞。

　　"吉野"舰上的坪井航三和河原要一刚开始并没察觉"致远"舰的意图，或者说他们根本没有想到还有如此英勇的中国海军，待看到已停发主炮的"致远"舰不避危险高速向自己冲来时，才预感到了将要发生的可怕的事情，急忙命令"吉野"转舵避逃，并用最大的火力炮击致远舰。第一游击队的其他军舰也都加入了这场特殊的狙击战，"秋津洲"舰150毫米、120毫米各三门管退炮，"浪速"舰和"高千穗"舰各两门260毫米及三门150毫米管退炮，连同几十门机关炮，一齐向"致远"舰开火。"致远"舰在无力还击的情况下，舰身又添无数损伤，并有数枚炮弹在舰上爆炸引起大火，但它丝毫没有停缓，带着浓烟烈火直冲不止，宛若一条火龙，愈显威猛。河原要一见大势不妙，大惊失色，忙令"吉野"全速逃避。可"吉野"要从16节的航速一下提升到最高速的23节，也并不容易，面对烟火腾腾极速冲来的拼了命的"致远"舰，"吉野"舰上的日兵惊恐万状，有惊呼乱叫者，有弃炮窜逃者，纷乱不堪。

"致远"舰官兵神情却异常平静，密集的炮火中，没有一个人惊慌失措，没有一个人贪生怕死，管带邓世昌更是置生死于度外，炮火中坚定地站立在舰桥之上，驾驭着他的英武的战舰冲向敌人。但老天把不幸和遗憾留给了"致远"舰，也留给了北洋海军和中国人民，"致远"官兵的英雄壮举没能圆满完成。大概在15时20分的时候，"致远"舰舷侧轰然一声巨响，船身剧烈抖动，船底炸裂，海水汹涌而入，右舷随即倾斜舰首先行下沉。当时的感觉似乎是被鱼雷击中，但战后日方的海战日志上没有发射鱼雷的记录，那么最大的可能就是，日军密集的炮弹引爆了致远舰舷侧的鱼雷发射管中的鱼雷，造成大爆炸。

邓世昌明白爱舰遭遇不测，心里暗暗气恨，却仍然指挥战舰前冲。但更可怕的是，舷侧的爆炸又引发锅炉爆炸，压缩蒸汽的巨大能量把船底完全撕裂，海水汹涌而入，舰首迅速沉没水中，舰尾翘出了海面，还在快速旋转的螺旋桨似乎昭示着致远将士的壮志未酬。只几分钟的工夫，整个军舰沉入了20米深的海底，仅剩部分桅杆露在海面。

邓世昌落身海中，仆从刘忠自旁侧递送木桯给他救生，邓世昌叫道："事已如此，义不独生！"推而不受，誓与全舰将士同亡。又有北洋舰队的鱼雷艇驶过来，艇上的水手高声喊道："邓大人，快上扎杆！"邓世昌坚辞不就，向海中沉去。这时他的爱犬"太阳"游来，哀叫不止，咬住他尚露在水上的衣袖，拽扯他出水，邓世昌挣脱开。爱犬又咬住他的发辫，拼力拽其不沉。世昌悲道："我志未竟，实不思苟生于世！汝既不舍离我，便随我同亡罢！"说罢按下犬首同沉于波涛中，再也不见踪影。

全舰官兵252人，仅7人获救，其余将士，包括管带邓世昌、帮带大副陈金揆、总管轮刘应霜、大管轮郑文恒等，全部遇难。公元1894年9月17日，15时30分，民族英雄邓世昌壮烈殉国。

身后哀荣

"世昌临战以忠义相激励，死状尤烈，世与左宝贵并称双忠云。永升等，忠义有传。"

——《清史稿·列传二百四十七》

邓世昌壮烈牺牲后举国震动，据说23岁的光绪皇帝抚在龙案上痛哭，并挥泪写下祭文与碑文各一篇，赐邓世昌"壮节"封号，入祀京师昭忠祠，世称"邓壮节公"，追封他为"太子少保"（"太子少保"是个荣誉称号）。

邓家人把邓世昌从军前遗留的衣冠装入棺中，葬于广州市郊沙河区天平架石鼓岭，当地群众叫邓家山。光绪帝还派钦差大臣到广东安抚其家属，第二年，又赐白银10万两给邓家。邓

邓世昌墓

家用此款在原籍广东番禺为邓世昌修了衣冠冢，建起邓氏宗祠。邓氏宗祠大门两侧有副对联：云台功首，甲午名留。1897年，光绪帝又赐给邓世昌的母亲一块用1.5公斤黄金制成的"教子有方"大匾。

据不完全统计，全国军政各界写了祭文5篇，挽诗挽词5篇，挽联152幅，挽幛299幅（以上均系邓世昌长孙邓小鹏手抄珍藏，后传至邓立英）。另据其他史料记载各地官民还写了祭文174篇。

李鸿章在《奏请优恤大东沟海军阵亡各员折》中为其表功，说："……而邓世昌、刘步蟾等之功亦不可没者也。"

《清稗类钞》第六册《邓壮节阵亡黄海》中评价邓世昌："邓在军中激扬风义，甄拔士卒，有古烈士风，凄怆激楚，使人雪涕。"

英法各国观战的海军也唏嘘不已，感叹邓世昌的忠勇非常人能及。

邓世昌少年时代就发奋学习，即使在主持繁忙军务工作的间隙，他仍然坚持博览群书，孜孜不倦。他收藏了大量有价值的书籍。他平素喜欢研究书法，尤其喜爱黄山谷①的字画。一有时间就挥毫练习，从不间断，在书法的造诣上别具一格。

---

① 黄山谷：北宋著名文学家、书法家黄庭坚，字鲁直，号山谷道人。

威海市内的邓世昌雕像

邓世昌纪念馆中的邓世昌画像

邓世昌为人光明磊落，胸怀宽广。他对上辈异常孝敬，对同辈亲切豁达。倘有亲友遇到困难，他都给予周济。家乡凡举办各种有益的活动，他都给予热情支持。

威海百姓为了永远纪念这位著名的民族英雄，在环翠楼公园的中堂供立了邓世昌的木主，悬挂邓世昌肖像。荣成①百姓还

① 荣成：地名，位于山东半岛最东端，隶属今山东省威海市。

在成山头日主祠内供立邓世昌木雕像，每年祭祀，表达了沿海渔民百姓对邓世昌的敬仰与怀念之情。

1996年12月28日，中国人民解放军海军命名新式远洋综合训练舰为"世昌"舰，以示纪念。

邓世昌有三儿两女，长子邓浩鸿，承袭世职，任职于广东水师，1947年去世；次子邓浩祥，青年早逝；三子邓浩乾是遗腹子，曾在中华民国海军部供过职，1969年逝于无锡。邓浩鸿之子邓小鹏生于1898年，1964年去世。邓小鹏有一子三女，长子邓立峰终身未娶，1987年在北京农业大学去世。次女邓立群也已去世，三女邓立庄现居上海。长女邓立英为宣化冶金环保设备制造厂高级统计师，在甲午海战120周年，她接受采访回忆她的曾祖父时说道："那时曾祖父才45岁，他有老母在广东、有妻儿在上海。他本来完全有生还的可能，可他却选择了死。他对腐败透顶的清政府已完全失望，他想用死来唤起民族的觉醒。"

邓世昌殉国后，后人恪守邓世昌留下的"做人要正直、爱国、为民"的遗训，清白做人，不辱门庭。朝廷赐封邓家三代一品官，但邓世昌的长子邓浩鸿看到清廷昏庸，便与其弟一起坚决不受赐封，毕生不做官，自营茶庄。

第六章　甲午战败

威海海战

黄海海战中北洋舰队受到重创，"致远""经远""超勇""扬威""广甲"五艘军舰损毁，官兵损伤达千人，身为"致远"舰管带的邓世昌也身死殉国。黄海一战北洋舰队虽受重创，但并未完全失去与日本海军一战的能力，比失去五艘军舰更严重的是北洋舰队的上层指挥者已经失去了与日本一战的信心。黄海海战后，李鸿章命令北洋舰队进入威海卫军港休整，提督丁汝昌因黄海海战失利受清政府责罚，意志消沉，消极避战，北洋舰队丧失了对黄海的制海权。

平壤、黄海接连失利严重打击了辽东半岛清军的防御信心。至1894年10月25日，清军部署了近三万人的鸭绿江防线不到两天即被日军突破，10月26日，日军占领丹东，鸭绿江防线全线崩溃。相继夺取黄海制海权和辽宁东部控制权后，日军海陆两边同时向辽东半岛逼近。在李鸿章的渤海防御体系中，旅顺港占据着非常重要的位置，清政府在此苦心经营数年，筑成了当时号称"东亚第一要塞"的旅顺港。但是海上及路上的相继失利，使得旅顺港成为了四面无援的孤港。11月21日，日军向旅顺口发起总攻，次日旅顺港陷落。日军攻陷旅顺后，即制造了旅顺大屠杀惨案，4天之内连续屠杀中国居民，死难者最高估计达2万余人。旅顺口失陷后，日本海军在渤海湾获得重要的根据地，从此北洋门户洞开，北洋舰队深藏威海卫港内，战局更是急转直下。

随着清军节节败退，在清廷内部，主和派已占上风，大肆进行投降活动，威海卫港内也是士气低落。提督丁汝昌在黄海海战中身负重伤，又受到清廷降旨责罚，整日惶惶终日，全无与日军决一死战的架势。北洋舰队统帅尚且如此，从海军士兵到舰队军官更是军纪松弛，意志消沉，其中像邓世昌这样严于律己，意志刚强又训练有素的军人更是屈指可数。

在山东半岛战役中，丁汝昌始终处在戴罪留任而以观后效的境地里，情绪悲观低落，内心矛盾重重，自然难以从容指挥战事。1895年1月24日，丁汝昌在打给李鸿章的电报中说："致海军如败，万无退烟（台）之理，惟有船没人尽而已。旨屡催出口决战，惟出则陆军将士寒心，大局更难设想。"在冰天雪地而又炮声隆隆的威海卫军港内刘公岛上，久经沙场的丁汝昌知道，处于日军严密海陆夹击之中的北洋舰队已形同瓮中之鳖而在劫难逃。丁汝昌更清楚的是，这支由大清王朝花费巨资历时二十年建成的舰队一旦被日军彻底歼灭，在北京城等待他自己的只能是一座断头台。因此，丁汝昌此时已下定战死在刘公岛的最后决心，他甚至还请来六名木匠为自己打制了一口棺材，并亲自躺进棺材里一试尺寸是否合适。丁汝昌给威海卫陆军统领戴宗骞写了一封亲笔信，这封信真实地流露出丁汝昌当时悲观失望至极的心态："汝昌以负罪至重之身，提战余单疲之舰，责备丛集，计非浪战轻生不足以赎罪。自顾衰朽，岂惜此躯？……惟目前军情有顷刻之变，言官逞论列曲直如一，身际艰危，又多莫测。迨事吃紧，不出要击，固罪；既出，而防或有危而不足回顾，尤罪。若自为图，使非要击，依旧蒙羞。利钝成败之机，彼时亦无暇过计也。"

在进退维谷、无以解罪的情况下，丁汝昌不顾上令，选择了一条驻守军港直至船没人尽而后已的末路，这也算是对他自己的一种最好的解脱了。而他率舰队驻守军港则无异于是坐以待毙，至多也是将一群活军舰当作死炮台作了有限的抵抗，最终是从一定程度上断送了这支耗费巨资建成的庞大舰队。这与他所肩负的提督职守是相违背的，不足后人称道。但是，丁汝昌在最后关头的宁死不降之举，毕竟是为他自己守住了历史的晚节。历史人物的复杂和悲剧，从中可窥见一斑！

威海卫之战是保卫北洋海军根据地的防御战，也是北洋舰队的最后一战。当时，威海卫港内尚有北洋海军各种舰艇26

艘。1895年1月20日，日军共两万五千人，在日舰掩护下开始在荣成龙须岛登陆，23日全部登陆完毕，期间并未受到北洋舰队抵抗。30日，日军集中兵力进攻威海卫南帮炮台。驻守南帮炮台的清军仅六营三千人。营官周家恩守卫摩天岭阵地顽强抵抗，最后被歼灭。日军也死伤累累，其左翼司令官大寺安纯少将被清军炮弹打死，这是日本在甲午战争中唯一阵亡的将军。由于兵力悬殊，南帮炮台终被日军攻占。2月3日，日军占领威海卫城。威海陆地悉数被日本占据，丁汝昌坐镇指挥的刘公岛成为孤岛。日本联合舰队司令伊东祐亨曾致书丁汝昌劝降，遭丁汝昌拒绝。

2月5日拂晓前，日本鱼雷艇进港偷袭，"定远"舰中雷进水，势将沉没。在此危急时刻，刘步蟾断然下令，将"定远"急驶到刘公岛铁码头外侧的浅滩搁浅，当"水炮台"使用，以继续发挥保卫刘公岛的作用。2月10日，天下起了鹅毛大雪，日本联合舰队作最后一次进攻的准备。伊东命"严岛"号在海口整日戒严，其他各舰皆补充燃料和水，做好作战准备。夜里，刘步蟾见局势危急，自己的战舰已经搁浅，无法为国效力，悲愤到了极点，为使战舰不落入日本人之手，刘步蟾派部下携带50磅炸药，到搁浅的"定远"号上，把炸药放在舱内，点燃引线，一阵爆裂声，"定远"号完全沉入海底了。当部下完成任务回来向刘步蟾报告时，他已吞药自杀，以身殉国，时年44岁。他兑现了自己当年那句庄严的诺言："苟丧舰，与舰同沉！"

甲午海战陈列馆，上方为邓世昌雕像

11日晚上，身处孤岛的丁汝昌接到烟台刘含芳的信函，十分高兴，以为援兵有了指望，将信拆开一看，上面寥寥数字："刚接到李大人电：命你们全力冲出包围。"丁汝昌到现在总算知道援军无望，长叹一声倒在椅上，良久才恢复过来。岛外倭舰满布，北洋各舰皆受重创，弹药将尽，根本无法冲出，最严重的是洋员和威海营务处提调牛昶昞等主降将领胁迫丁汝昌向日本投降。丁汝昌拒绝投降，吞毒自杀，时年59岁。

记名总兵张文宣知局势已无法挽回，早已打算以身殉国，他曾屡屡告诫部下将士说："你们当竭力死守，至力竭不能守时，我终不令你们独死，我独生。我当先死。以免你们之死。"遂自尽。张文宣临死前，遗书李鸿章："此次战事有守一月而不支者，有守数月而不支者，有守半年不支而至死不屈者。相座（指李鸿章）当付泰西各国观战武员评其得失勇怯，不能以成败论。"

丁汝昌、张文宣死后，营务处提调牛昶昞晒又推举杨用霖出面与日军接洽投降。杨用霖严词拒绝，回舱后口诵文天祥"人生自古谁无死，留取丹心照汗青"的诗句，随后自杀殉国，时年42岁。

12日，由美籍洋员浩威起草投降书，伪托丁汝昌的名义，派"广丙"管带程璧光送至日本旗舰。14日牛昶昞与伊东祐亨签订《威海降约》，规定将威海卫港内舰只、刘公岛炮台及岛上所有军械物资，悉数交给日军。3月17日，日军在刘公岛登陆，威海卫海军基地陷落，北洋舰队全军覆没。

《马关条约》

日本虽然在战场上连战连捷，但毕竟国力有限，战争带来的巨大消耗进一步加重了日本普通人民的负担，自1894年底以来，日本不少地方都爆发了农民暴动，社会动荡不安。所以日本首相伊藤博文于2月2日向清政府提出了和谈的要求。但日方指定要李鸿章充当全权代表，并向清政府提出，必须以割地、赔款为"议和"条件，否则就无需派代表前往日本。这时清政府十分害怕战争继续下去，为了求得停战，决心不惜任何代价。于是1895年3月，赶忙按照日本的旨意，改派李鸿章为头等全权大臣，带着美国前任国务卿科士达为顾问，前往日本马关与日本首相伊藤博文、外务大臣陆奥宗光进行谈判。3月20日双方在春帆楼会见，正式开启了和谈。

日本马关，今称下关，是日本本州西部一座风景秀美的港口城市。1895年3月19日，李鸿章带领包括参议李经方、秘书罗丰禄、于式枚、伍廷芳等人在内的和谈团抵达这座小城，当天即在船内居住。春帆楼是当地著名的饭店，以善于烹调河豚鱼著称，四周景色怡人。决定中日两国命运的谈判就在这座饭店二楼的一间屋子里开始，考虑到李鸿章年事已高，日方特别在李的座位旁添设了一只取暖的炭火盆。

当时北洋水师虽全军覆灭，但是辽东战场争战方酣。李鸿章要求议和之前先行停战，日方提出包括占领天津等地在内的四项苛刻条件，迫使李鸿章撤回了停战要求。

春帆楼上，中日两国唇枪舌剑，谈判僵持不下。恰在此时，一桩突发事件改变了谈判的进程。3月24日下午4时，中日第三次谈判结束后，满怀心事的李鸿章步出春帆楼，乘轿返回驿馆。谁知，就在李鸿章的轿子快到达驿馆时，人群中突然蹿出一名日本男子，在左右未及反应之时，朝李鸿章就是一枪。李鸿章左颊中弹，血染官服，当场昏厥过去。一时间，现场大乱，行人四处逃窜，行刺者趁乱躲入人群溜之大吉，躲入路旁的一个店铺里。行刺事件发生后，马关警方很快抓到了凶手。经审讯，此人名叫小山六之助，21岁，是日本右翼团体"神刀馆"的成员。他不希望中日停战，更不愿意看到中日议和，一心希望将战争进行下去，所以决定借刺杀李鸿章，挑起中日之间的进一步矛盾，将战争进行到底。

日本政府本来拟就的谈判方略是借战争逼迫清政府签订不平等条约，然后见好就收。此时的伊藤博文最担心的就是有什么把柄落在列强手中，让一直虎视眈眈的西洋各国从中干涉，坐收渔翁之利。小山六之介的行为恰恰无异于授人以柄。难怪伊藤博文闻讯后气急败坏地发怒道：这一事件的发生比战场上一两个师团的溃败还要严重！一个外国使臣被所在国的国民刺伤，实在是一件丑闻。国际舆论为之哗然，日本政府也极为担心：如果李鸿章以受伤为由，就此打道回国，以使极利于日本的谈判中止，实在是情有可原，而且，李鸿章作为谈判大使，遭此不测，完全能取得世人的同情，尤其是西方的几个国家，如果他们也对日本不满起来，那么，这就成了一件不容忽视的大事了。按理说，清政府和李鸿章本人应充分利用这一事件，争取外援，以"酿成国际异变"。可是，清政府没有这样做。清廷害怕甲午战争继续打下去，迫切希望早日停战，一切回到谈判桌上来。李鸿章遇刺的第二天，清政府给李鸿章来电，除慰问伤势之外，还指示应趁"彼正理曲之时，李鸿章据理与争，或不至终秘不与"。当时，如果李鸿章就势回国，再怂恿列强进行干涉，也许《马关条约》的内容就不会是后来那个样子。

日本担心李鸿章遇刺造成第三国干涉的借口，自动宣布承诺休战，30日双方签订休战条约，休战期21天，休战范围限于奉天、直隶、山东各地。此时日军已袭占澎湖，造成威胁台湾之势，停战把这个地区除外，保持了日本在这里的军事压力。

日方代表以胜利者的姿态，继续进行威胁和讹诈。美国顾问科士达则想方设法怂恿李鸿章赶快接受条件，以便从中渔利。4月1日，日方提出十分苛刻的议和条款，李鸿章乞求降低条件。4月10日，伊藤博文提出日方的最后修正案，其条件非常苛刻，并对李鸿章说："中堂见我此次节略，但有允、不允两句话而已。"李鸿章问："难道不准分辩？"伊藤博文回答："只管辩论，但不能减少。"李鸿章苦苦哀求减轻勒索，但均遭拒绝。4月14日，清政府电令李鸿章遵旨定约。4月17日，李鸿章代表清政府与日本签订丧权辱国的《马关条约》。

《马关条约》（又称《春帆楼条约》）共11款，并附有"另约"和"议订专条"。条约的主要内容为：中国承认朝鲜"完全无缺之独立自主"；中国将辽东半岛、台湾岛及所有附属各岛屿（包括钓鱼岛）、澎湖列岛割让给日本；中国"赔偿"日本军费白银两亿两；后增加三千万两"赎辽费"；开放沙市、重庆、苏州、杭州四地为通商口岸，日本政府得以派遣领事官在以上各口岸驻扎，日本轮船得以驶入以上各口岸搭客装货；日本臣民得以在中国通商口岸城市任意从事各项工艺制造，将各项机器任意装运进口，其产品免征一切杂税，享有在内地设栈存货的便利；日本军队暂行占领威海卫，由中国政府每年付占领费库平银五十万两，在未经交清此赔款之前日本不撤退占领军；本约批准互换之后，两国将战俘尽数交还，中国政府不得处分战俘中的降敌分子，立即释放在押的为日本军队效劳的间谍分子，并一概赦免在战争中为日本军队服务的汉奸分子，免予追究。

干涉还辽

日本在远东地区的巨大胜利引发了当时世界上老牌帝国主义国家的不满，俄国自第二次鸦片战争以来，早已对远东地区保有领土需求，先后占领原属清朝的外东北、夺得库页岛，更兴建西伯利亚铁路，企图在满洲与朝鲜建立势力范围，夺取极具战略价值的不冻港。因此，俄国与日本之争端势在难免。签署《马关条约》时，俄国曾多次暗示日本不得侵占东北，然则日本要求清政府割让辽东，令俄国有感利益受损。俄军甚至打算远赴东亚，不惜以战争解决问题。同时，德国见日本很快将中国击败，感到应该染指东亚。早前俄国与法国在1892年结成俄法联盟，令德国在欧洲的地位动摇。因此德国尝试以干预中日议和，换取俄国支持其在东亚的扩张。基于俄法联盟，德国拉拢俄国后，法国同样想在东亚取得更多利益。得到印度支那后，法国开始觊觎台湾，因此支持与两国一起干涉条约之签订。

1895年4月23日，三国政府向日本政府发出通告，要求日本归还辽东予中国，并限定在十五日之内答复，否则将派出海军舰队前往东北。

迫于三国巨大的压力，日本仍然尽努力保住条约所得。日本提出只占领旅顺与大连两海港，加上一些赔款。但三国依然态度强硬，毫不退让。日本虽然战胜中国，但是中国的北洋水师也使日本海军损失不少。它希望英国会提供支持，但英国也只是建议日本接受三国的"劝谕"。在如此的外交压力之下，加上签署条约的日方代表伊藤博文是主和派，日本唯有在宣布放弃对辽东半岛的永久占领。5月4日，日本与三国达成协议宣布放弃辽东半岛，但要中国以白银3000万两将其"赎回"。日本在甲午中日战争后一共勒索了中国两亿三千万两巨额白银。

1895 年 4 月 17 日，李鸿章与伊藤博文、陆奥宗光在日本马关签订《马关条约》

然而，三国干涉还辽对日本来说仍然是飞来横祸，它使日本借由甲午中日战争获胜之机侵占满洲（中国东北）的企图遭到粉碎，也使俄国增强其在远东的势力，遏制了日本在朝鲜的扩张。为了实现日本"大陆政策"的第二步（吞并朝鲜）和第三步（进军满蒙），日本重新整军备战，决定于十年后发动对俄罗斯的战争。

　　至三国干涉还辽为止，甲午中日战争落下了帷幕，甲午战争失败标志着清朝历时三十余年的洋务运动的失败，取得的近代化成果化为乌有，打破了近代以来中国人民对民族复兴的追求。《马关条约》是《南京条约》之后中国签订的最严重的丧权辱国条约，而甲午战败对中国的影响甚至远远超过了鸦片战争中国战败的影响。甲午战后十年，日本利用中国的两亿三千万两赔款大力发展了军备和国民教育，使日本在短短的数十年时间内，跻身世界强国行列。而甲午战后中国国际地位急剧下降，国内产生了一系列政治革新和农民运动，清廷逐渐失去了对中国各个地区的控制，甲午战后16年，清朝灭亡。

后记

2014年，中日甲午战争爆发120周年。2015年8月15日，日本宣布投降70周年纪念。

刘公岛只有3.15平方公里，位于山东威海最东端。我上岛的那天细雨蒙蒙，虽然天气不好，但游人仍是络绎不绝。这个小岛承载了太多，它是中国近代第一支海军——北洋水师的诞生地，是中日甲午海战的最后战场，更是闻一多先生笔下的七子之一。

要去刘公岛需要坐船，时间不长，却能感受海中颠簸。这实在不是一个好天气，天空一直阴郁，雨时缓时急，断断续续淅淅沥沥地下着。我从窗外望去，海已经是灰蓝色，波浪起伏，小艇于大海，就像沧海一粟，随时都有可能被吞没，不留一丝痕迹，更别提没有铜皮铁骨的人。

船上的多媒体播放着甲午海战的宣传片，窗外海风夹着潮湿的水汽扑到我的脸上，我的脑海里不禁浮现百年之前的画面。北洋海军的舰队，也曾在这个海湾停泊，丁汝昌来过，邓世昌来过，刘步蟾来过，林泰曾来过。他们意气风发，站在从英国、德国定制的军舰上，一起成立东亚第一、世界第八的海军舰队。然而在同样的海面上，他们流血，他们牺牲，他们为保卫海防献出自己的生命。

当他命令"致远"开足马力全速向"吉野"冲锋的时刻，他知不知道自己做了多么疯狂的决定？心爱的"致远"在那一刻与他心意相通，爆发出惊人的潜能，驶出了平时难以达到的极限航速，向第一游击队的"吉野"猛冲过去。

邓世昌高呼："撞沉吉野！"

"致远"就像一把尖刀狠狠地向吉野刺去。然而，壮志未酬身先死，"致远"沉没了。"致远"沉没的原因，说法有很多种。有的说是"吉野"的鱼雷击中了"致远"，有的说是"致远"的鱼雷被炮火引爆，还有的说是"致远"的密封橡皮圈老化，堵不住漏洞。不管是何种原因，"致远"是沉没了。

那是怎样的一种孤独！漂泊在海上，敌人势不可挡，只能眼睁睁看着自己兵败如山倒。波涛汹涌的海面，日寇的炮火，羸弱不堪一击的己方舰队……以邓世昌一人之力回天乏术，他只好做一个最悲壮的选择，与日寇同归于尽，以身殉国。看着这无情的大海，我强忍泪水。他落水的时候在想什么呢？不愿得救，带上爱犬，在海水中慢慢下沉，离海面越来越远的时候，他在想什么呢？是效命了一辈子的朝廷，守卫了一辈子的海疆，还是家中的母亲和妻子儿女？

茫茫大海，万顷碧浪，他就这样死去了，孤独地。大海立刻吞噬了他。他能体恤下属，让去世的水手不被抛入大海而是靠岸装棺入土，可自己却葬身蔚蓝海疆，与大海融为一体。

这是他的个人选择，却也有迹可循。他的同学们，北洋舰队的高级将领，连同海军提督丁汝昌，或自杀，或战死，几乎全部殉国。

有人对他们的选择不以为然，留得青山在不怕没柴烧，作为国家花了大价钱培养出来的精英，就这么死了，值吗？

值。中国人讲究一个气节。殉国的海军将领同邓世昌一样，虽然死了，却仍然活着，他们的爱国主义精神将永远激励国人，舍生取义，忠勇无畏，以身殉国。

这场惨烈的决战，邓世昌用他独有的方式诠释了一个军人的境界，他在海战中作出的选择，那从容赴死的一幕，将深深地烙印在无数人的心中，历久弥新，永不磨灭。

夏日的海风吹来咸涩的味道，百年来，刘公岛静静地伫立在威海卫最东端。岁月流转，日升日落，她用悲悯的眼光注视，她在诉说自己的历史，不会忘却。

纪念馆里，最后一块解说板上写着："今天，900多万平方公里领土和300多万平方公里海洋国土，需要强大的海防力量作保障，我们应该以史为鉴，面向未来，构筑海上钢铁长城，谋求和平与发展，让历史的悲剧不再重演。"

忘记历史意味着背叛。

邓世昌年谱

1849年　出生

10月4日，邓世昌出生于广东番禺县龙导尾乡（今广州海珠区）。父亲邓焕庄，专营茶叶生意，母亲郭氏，邓世昌是家中长子。

1860年　11岁

邓世昌随父亲迁居上海，进入教会学校，学习英语、算术，进步很快。

1867年　18岁

沈葆桢出任福州马尾船政大臣，同时开办前学堂制造班和后学堂驾驶管轮班。邓世昌回到广州参加学堂考试，成绩优秀，顺利考入福州船政学堂，成为驾驶班第一届学生。

1871年　22岁

邓世昌在船政学堂埋头学习，勤奋攻读各门功课。经过五年学习，他最终以每门皆优的成绩从船政学堂毕业。毕业后，邓世昌与同学数十人被派往"建威"舰教习练船，进行航海驾驶实习，为期两年。

1873年　24岁

实习结束，邓世昌在实际驾驶、管理舰船方面表现出很好的素质和技能，被称为"最伶俐的青年"之一。

1874年　25岁

2月，邓世昌被船政大臣沈葆桢奖以五品军功，任命为"琛航"运输船大副。

1875年　26岁

正值日本侵略军窥台湾、澎湖、基隆诸隘时，邓世昌任"海东云"炮舰管带，巡守海口，镇守有功，获升千总。

1877年　28岁

2月，代理"扬武"巡洋舰大副。李鸿章等人几次派他出国去接收新舰。邓世昌在出国接舰过程中，抓紧机会，虚心好学，弥补了未在国外深造的缺憾。

1878年　29岁

2月，沈葆桢调邓世昌任装备五尊前后膛炮的"振威"炮舰管带，并代理"扬武"快船管驾，奉命扼守澎湖、基隆等要塞。后获荐保守备，加都司衔。

1880年　31岁

年初，邓世昌任"飞霆"蚊炮船管带。

夏天，邓世昌调至北洋海军，任"镇南"炮船管带。

年底，北洋水师在英国订购的"超勇"、"扬威"两艘巡洋舰完工，丁汝昌水师官兵200余人赴英国接舰，邓世昌随往。

1881年　32岁

邓世昌十分珍惜赴英国接舰的机会，认真学习外国先进的军事技术和经验。

1881年8月17日，"超勇"、"扬威"从英国纽卡斯尔港起航，开始了由英国到中国的漫长航行。林泰曾操纵"超勇"舰，邓世昌操纵"扬威"舰。"超勇"、"扬威"两舰回国途中经历了惊险曲折，历时61天。邓世昌因驾舰有功被清廷授予"勃勇巴图鲁"勇名，赏戴花翎，以都司补用，并被任命为"扬威"舰管带。

1884年　35岁

法国入侵台湾，邓世昌率舰南下御侮。期间，邓世昌的祖父和父亲相继去世，但面对严峻的海防形势，他最终不得不强压悲痛，恪守公职。

1887年　38岁

春，李鸿章奏派邓世昌率队赴英、德两国接收清政府向英、德订造的"致远舰"、"靖远舰"、"经远舰"、"来远舰"四艘巡洋舰。

1888年　38岁

春，邓世昌率领舰队抵达大沽。

七月，邓世昌率舰跟从丁汝昌镇压台湾吕家望起义。返回后，以总兵记名简放，加提督衔。

年底回国。因接舰有功，升副将，获加总兵衔，兼任"致远"舰管带。邓世昌与此舰相终始。

1889年　40岁

2月20日，李鸿章奏北洋海军新设中军中营副将，请以邓世昌借补，任"致远"舰管带。

1891年　42岁

李鸿章来威海检阅北洋海军，邓世昌训练得力，奏准赏获"葛尔萨巴图鲁"勇号，并赐给三代一品封典。

1892年　43岁

邓世昌"第三次"，也是最后一次回广州家乡探亲。

1894年　45岁

9月17日在黄海海战中，邓世昌指挥"致远"舰奋勇作战，后在日舰围攻下，"致远"多处受伤全舰燃起大火。邓世昌毅然驾舰全速撞向日本主力舰"吉野"号右舷，决意与敌同归于尽，但不幸一发炮弹击中"致远"舰的鱼雷发射管，管内鱼雷发生爆炸导致"致远"舰沉没。邓世昌誓与军舰共存亡，与全舰官兵250余人一同壮烈殉国。